大学英语教学模式与跨文化翻译研究

赵红卫 著

延边大学出版社

图书在版编目（CIP）数据

大学英语教学模式与跨文化翻译研究 / 赵红卫著
. -- 延吉 : 延边大学出版社, 2021.6
ISBN 978-7-230-01452-6

Ⅰ. ①大… Ⅱ. ①赵… Ⅲ. ①英语－教学模式－教学研究－高等学校②英语－翻译－教学研究－高等学校
Ⅳ. ①H319.3

中国版本图书馆CIP数据核字(2021)第120624号

大学英语教学模式与跨文化翻译研究

作　　者：赵红卫
责任编辑：严海英
封面设计：王　朋
出版发行：延边大学出版社
社　　址：吉林省延吉市公园路977号　　邮　　编：133002
网　　址：http://www.ydcbs.com　　E-mail：ydcbs@ydcbs.com
电　　话：0433-2732435　　传　　真：0433-2732434
印　　刷：延大兴业数码印务有限责任公司
开　　本：787mm × 1092mm　1/16
印　　张：8
字　　数：200 千字
版　　次：2022年3月第1版
印　　次：2022年3月第1次印刷
书　　号：ISBN 978-7-230-01452-6

定　　价：54.00元

前　言

大学阶段是学生学习英语知识、践行英语核心素养的阶段，也是学生将所学英语知识转为核心素养的阶段。因此，在当前英语教学中，教师要引导学生正确理解英语学科核心素养内涵，切实提高学生的核心素养，同时创新英语教学模式，从而为实现大学英语教学与学生学习的全面融合打下坚实的基础。

跨文化是指对于与本民族文化有差异或冲突的文化现象、风俗习惯等有充分正确的认识，并在此基础上以包容的态度予以接受与适应。而翻译作为一种典型的跨文化交际活动，对相关人才的要求也在不断提高。由于英语与汉语所处的文化环境存在较大差异，同时在语言表述上也存在较大差异，因此跨文化意识在翻译中显得尤为重要。在翻译中应当渗透、融入跨文化意识，进而提供准确又丰富的信息，以便促进跨文化交流。

在跨文化环境中进行英语翻译，兼顾跨文化语境和跨文化交际的同时，还应掌握跨文化语用原则，以保证翻译的质量。翻译人员在进行英语翻译活动时，应具有良好的跨文化交际意识，采取正确、主动和开放的态度学习跨文化知识，以便在英语翻译工作中全面、系统地理解和融合跨文化知识。

本书拟从当前大学英语教学模式入手，结合探究大学英语教学的基本理论和创新教学模式，从跨文化交际与英语翻译及其原则、跨文化视角下英语翻译研究等方面进行阐述。笔者希望本书能够帮助学生明确自身使命，通过不断学习掌握正确的跨文化翻译语用原则，以便在日后从事英语翻译工作时能够顺利完成任务。

因笔者水平有限，缺点与不足之处在所难免，恳请广大读者及方家不吝赐教。

目　录

第一章　大学英语教学的基本理论

大学英语教学是高等教育的有机组成部分，大学英语课是学生必修的一门基础课程。大学英语是以外语教学理论为指导，以英语语言知识与应用技能、跨文化交际和学习策略为主要内容，并集多种教学模式和教学手段为一体的教学体系。大学英语的教学理念是开展大学英语教学活动的基础。

第一节　教育与英语教育的本质

在研究现代大学英语教育的本质之前，我们有必要先来了解一下什么是教育和教学。

一、教育与教学

（一）教育

教育对人类的存在与发展起着重要作用，这是因为教育既传承了人类的既有经验，又把个人培养作为社会的组成部分。

汉语中“教育”一词始见于《孟子·尽心上》:“君子有三乐，而王天下不与存焉。父母俱存，兄弟无故，一乐也；仰不愧于天，俯不怍于人，二乐也；得天下英才而教育之，三乐也。”《说文解字》将“教”“育”解释为“教，上所施，下所效也”;“育，养子使作善也”。因此，“教”和“育”，分别有“上施下效”“使之为善”之意。

英语中的“Education”（教育）来自拉丁语，由前缀 e-(向外、出来）加词根 duc-(引导）及动词后缀 -ate 或动名词后缀 -ation 构成，字面意思就是“将学生的天资引导出来”。教育的学术性定义是基于这一语义而形成的。

对“教育”的定义，国内学界有各种不同的说法。

中国《教育大词典》将“教育”定义为是“传递社会生活经验并培养人的社会活动”。学校教育则是“根据一定的社会要求和受教育者的发展需要，有目的、有计划、有组织地对受教育者施加影响，以培养一定社会所需要的人的活动”。

除此之外，我国还有不少学者试图为“教育”下一个准确的定义。肖川教授认为，“教育的真义就是价值引导与自主建构的统一。奠基于价值引导与自主建构相统一的教育，从学生的成长过程来说，是精神的唤醒、潜能的显发、内心的敞亮、主体性的弘扬和独特性的彰显；从师生共同活动的角度来说，是经验的共享、视界的融合和灵魂的感召。”中国著名教育家叶enthusiastic澜教授认为，“教育是有意识地以影响人的身心发展为直接目标的社会活动。”

在国外，美国教育哲学家谢弗勒（I.Scheffler）认为，教育是“纲领性的定义、规定性的定义和描述性的定义”，并认为不同定义都在各说各话。法国学者米亚拉雷（G.Mialaret）则对教育进行了分类，即“教育分为作为机构的教育、作为内容的教育、作为活动的教育和作为结果的教育”。

德国学者雅斯贝尔斯（Karl Theodor Jaspers）指出：“教育是培养新生一代准备从事社会生活的整个过程，也是人类社会生产经验得以继承发扬的关键环节，主要指学校对适龄儿童、少年、青年进行培养的过程。”

综合以上观点，我们可以认为教育是一种可以引导人类发展的活动。所以，教育的内涵必然涉及两个要素：引导与发展。引导说明教育是有目的的活动，“使之向善”是教育最根本的目的。引导还说明教育不是强制性的活动，也不可能强制。我们不可能强制学生掌握知识、技能，形成价值观。发展是指学生的发展。教育最终能否实现其目的，主要在于学生是否得到与其所设定目标相一致的发展。

（二）教学

教学是教育中的一个重要因素，它既是一种基本因素，又是一种复杂因素。研究教育必然要对教学的相关概念有所了解。

教育与教学的最基本关系就是，教学是一种教育活动。对于教师来说，教学是引导学生学习的教育活动；而对于学生来说，教学则是在教师的引导下进行的学习活动。这些活动都是教师有目的、有计划、有组织地引导学生学习的活动。学生是否得到发展是教学是否实现其目标的关键。教学也是一个师生互动的过程，既是教师教的过程，也是学生学习并在学习过程中获得全面发展的过程；是学生在教师引导下掌握知识和技能、培养实践的能力、促进身心健康和形成相关的情感态度及价值观的过程。教学需要师生共同参与，是师生共同活动。没有教师有计划地教，就不可能有教学活动。但更为关键的是，如果没有学生积极主动地学，教学活动也就无从谈起。所以从师生互动来说，教学应该是教师引导和学生主导的互动活动。

教学是一种有目的的互动，这是因为教学是学校教育最主要的教育活动，具有非常明确的目标。不同学科的教学虽然具有共同的教学目的，但也都有着各自的教学目标。同样，在不同学段、学年、学期、星期，不同的教材的单元、课文、活动，教学目标也会有所不同。

教学需要具体的内容。教学是一定知识、技能的传递，更是人类生存经验的传递。教学中的知识、技能和生存经验体现在具体的课程内容和教学内容上。教学内容也具有不同的层次。

教学最显著的特征是系统性和计划性。这是因为教学是学校教育中有计划的系统的活动，其主要表现在课程计划和教学计划上。当然，这种系统的计划主要是由教育行政机构、学校和教师等通过长期的思考制定而成的。

实施教学必须采用一定的教学理论和现代科学技术。教学理论具有非常深厚的历史沉淀，其在不断变化与发展中形成了大量有效的方法。现代科学技术，特别是信息技术的发展，为教学提供了可以借助的多种多样的教育技术。

由此可见，教学就是教师有计划地系统性地依据一定的内容、按照一定的目的、借助一定的方法与技术，引导学生学习和掌握知识与技能、认识世界，促进其全面发展的活动。

二、英语教育的本质

英语教育既是语言教育，又是文化教育。英语是一种语言，英语教育也就是对英语这门语言的教育。通常，语言教育都是以培养学生运用语言的能力为目的的，但语言研究却不以运用语言为目的。语言研究者学习语言的目的是研究语言知识，如学习古希腊语、古汉语等已经很少使用的语言。

对于中国学生来说，英语是一门外语，英语教育也就是外语教育。纵观人类外语教育的发展历史，面对已经基本形成母语运用能力的学生的外语教育，离不开外语知识教育，因为只有以外语知识为基础的外语教育，才能更有效地培养学生运用外语的能力。因此，作为语言教育，英语教育的本质是培养学生运用英语的能力。

当然，英语不仅仅是一种语言，它还是以英语为母语、国语和工作语言的人类群体的文化的重要内容，是这些文化乃至世界文化的重要载体。因此，英语教育也是一种文化教育。

第二节　英语教学的基本原则与理论基础

一、英语教学的基本原则

（一）以学生为中心原则

学生是教学活动的客体与内在因素，因而在英语教学中应坚持“以学生为中心”的原则，充分发挥学生的主观能动性，从而使教学质量得以提高，教学任务顺利完成。

“以学生为中心”就是在教学过程中从学生实际出发，设计和开展英语教学活动，鼓励学生参与、体验教学活动，使他们在整个活动中处于中心地位，从而培养学生的语言能力、交际能力和可持续发展能力等。

教与学是英语教学活动的两个重要方面，二者有着密切的关系。在英语教学中，既要发挥教师的主导作用，又要努力调动学生的学习积极性，树立以学生为中心的教学思想。只有将教与学协调配合起来，才能提高英语教学的质量。具体来说，教与学二者缺一不可：

学生是学习的主体，要努力学习，勤学苦练；而教师则要为学生的学习创造条件，并随时为学生提供帮助。换句话说，教师的教应建立在学生的学上，教学中的一切工作都应围绕学生的学来进行，即英语教学应以学生为中心。

（二）交际性原则

语言是人类最重要的交际工具之一。语言的最本质功能是交际功能。美国社会语言学家海姆斯（D.H. Hymes）指出，交际是在特定语境中说话者和听话者、作者和读者之间的意义转换。由此我们便能总结出交际的以下几个特点：

（1）交际有口语和书面语两种形式。

（2）交际只在一定的语境中发生。

（3）交际需要两个及两个以上的参与者。

（4）交际需要两个或多个参与者之间的互动。

学习英语的目的在于用英语进行交际，而英语教学的目的是培养学生使用这种交际工具的能力。学生能够运用所学的语言知识，在不同的场合下对不同的对象进行有效得体的交际就是交际能力的核心。因此，在英语教学中我们必须贯彻交际性原则，使学生能够运用英语与他人交流，教师要在教学过程中努力做到以下几点：

（1）充分认识英语课程的性质。

（2）为学生创设各种情景。

（3）注意培养学生语言使用的得体性。

（4）做到精讲多练。

（5）确保教学内容与教学活动的真实性。

（三）系统性原则

要认识英语教学以及其与交际的关系，还必须认识英语教学的系统性。《美国传统词典》（*The American Heritage Dictionary*）（1982）对系统性下的定义是：一组相交互、相关，或相互依赖的形成复杂整体的要素。（A group of interacting, interrelated or interdependent elements forming a complex whole.）系统论的创始人贝特朗菲认为“系统”即相互作用的元素的综合体。恩格斯在《自然辩证法》中指出：“我们所面对着的整个自然界形成一个体系，即各种物体相互联系的总体，……这些物体是互相联系的，这就是说，它们是相互作用着的，并且正是这种相互作用构成了运动。”现在，人们已经认识到无论是物质世界还是思维领域都具有系统性。教学的系统性原则的作用主要体现在三个方面：首先，学生对所学内容有比较系统、完整的概念；其次，学生能够建立起各部分知识之间和新旧知识之间的联系；最后，能够清晰且有层次地消化所学内容。

系统性原则要求教学内容和教学要求，应有一定的顺序和系统，要引导学生循序渐进地掌握知识和技能。知识和技能是逐步地积累而成的。新的知识和技能是在旧的知识和技能基础上获得的，高级技能只有在最基本的技能基础上才能获得。只想培养较高的技能而忽视基本功的训练是达不到目的的，但仅仅停留在基础阶段，而不向较高的方面去发展，也不能完成学校的培养目标。为此，研究各年级的练习体系是十分重要的。科学的体系对提高教学质量有着密切的关系。一门课程的系统知识和技能只能是长期地、逐步地、点滴地获得的，而不是依靠短时期集中突击可以获得的。否则，即使暂时取得某些知识和技能，也很快就会遗忘。因此，这就需要教师在教学中坚持系统性原则。要遵循系统性原则，应从下面几个方面入手：

（1）教学内容的安排要有严密的计划和顺序。

（2）教师应该有计划、有步骤地进行教学工作。

（3）指导学生系统连贯地进行学习。

（4）要注意各年级语言材料、知识、技能之间的衔接。

（四）真实性原则

所谓英语教学真实性原则是指为了提高英语教学质量、教学效率和教学成绩，英语教师应该对教育因素的真实内涵，尤其是英语教育的真实目的以及学生的真实学习目的和动力、真实学习兴趣与真实学习困难等有所把握，并保证英语教学中的语义、语境、语用材料、教学过程、教学策略、教学方法和技巧以及教学技术等因素的真实性。在英语教学中，遵循真实性原则就是保证各个环节的真实，以培养学生语言综合运用能力为总目标，以交际法和任务型教学为策略，使学生在真实的环境中获得真实的语言能力。

在英语教学中要实现真实性原则，需要做到以下几个方面：

（1）把握真实语言运用的目的。

（2）采用语用真实的教学内容。

（3）设计组织语用真实的课堂教学活动。

（4）设计编排语用真实的教学检测评估方案。

（五）循序渐进性原则

循序渐进性原则是指教学活动要结合学科的逻辑结构和学生的身心发展情况，有次序、有步骤地进行，以期学生能够有效地掌握系统的知识，促进身心的健康发展。这一原则是科学知识发展的客观要求，也是教学制约于学生身心发展规律的反映。循序渐进原则有利于将学生的已有知识、生活经验及好奇心联系起来，有助于他们认清事物发生及发展的过程，明晰所学内容的条理，逐步掌握解决问题的方法，培养解决问题的能力。贯彻这一原则需要做到下面几个方面：

（1）精心设计每个教学环节，明确各个教学环节的目标，选择最佳的方法及手段，使知识的呈现生活化和生动化，操作技能与逻辑思维的发展有机结合。

（2）保证每个教学环节过渡自然，做到承上启下。

（3）有序拓展知识网络，使学生懂得每一次的学习都是知识的又一次积累和补充，以便其形成较为完整的知识体系。

（六）发展性原则

教学是传授知识的过程，也是促进学生身心发展的过程。在传授知识的同时，促进学生的身心发展是教学过程的必然要求。教学的发展性原则影响着学生以智力为核心的身心发展以及学生对知识的掌握。在教学过程中，向学生传授知识和发展学生智力并不是相互对立的，而是相辅相成的。因此，学生的发展可以被看成是一个生命整体的成长，并且这个发展过程既有内在的和谐性，又有外在能力的多样性，以及身心发展的统一性。要实现英语教学的发展性，需要做到下面三点：

（1）教师要关注每个学生的成长，尽最大努力保证所有学生都得到发展。

（2）充分挖掘课堂存在的智力和非智力资源，合理、有机地实施教学，使其成为促进学生发展的有利资源。

（3）为学生设计一些对智慧和意志有挑战性的教学情景，激发他们的实践和探索精神，使教学充满激情。

（七）文化导入原则

众所周知，语言是文化的载体，语言离不开文化，语言也不能脱离社会而存在。此外，语言还是了解社会现实生活的向导。通过分析语言特征，可以了解一个民族的生活特点及思维方式。可以说，语言是民族文化的一面镜子。因此，在进行英语教学时要重视英语国家的文化和社会习俗，帮助学生了解文化差异，拓宽视野。学生学英语是为了用英语进行交流，如果不尊重英语国家的文化，也就很难得体地使用英语，会妨碍文化交流。因此，大学英语教学更要注重文化的导入。

在英语教学活动中，我们可以从以下几个方面来进行文化教学：

（1）注意捕捉教材中的文化信息。

（2）运用真实的情景教授文化知识。

（3）认真分析中西方文化的差异。

（八）可持续发展原则

在完成基础英语教学阶段的学习之后，学生还要向更高阶的英语学习迈进。因此，在英语教学中，教师要坚持可持续发展原则，在实践中为学生学习高级阶段英语打好基础。具体可从下面两个方面入手：

（1）做好前后知识的正迁移

遗忘是学习任何知识都不可避免的问题，我们必须通过巩固所学知识来习得语言知识。但是，仅凭巩固往往得不到满意的效果，因此，需要在教学中培养学生的英语实践能力，也就是在实践中达到巩固的目的，以巩固促进知识的发展。而巩固性和发展性需要在概念同化、知识和技能的迁移中体现。例如，在讲解间接引语“Granny told you not to be late for school.”这一新句型时，需要由学过的旧句型“Don't”引入。可以说，在讲解句型“Don't be late for school.”时也对旧句型进行了复习，这就达到了巩固的目的，提高了

“Don't…”句型的可用性。但新旧句型还是有一定区别的，其关键是要将“don't…”改成“not to…”。因此，教学中应尽可能地通过各种方法来增加知识的正迁移量，以便学生更好地掌握知识和增强实践能力。

（2）培养学生学习英语的正确态度

结合学习内容讨论情感问题。在日常的英语课堂教学中，教师要注意培养学生的积极情感，对学生学习过程中出现的具体情感问题进行针对性的引导，帮助学生解决情感方面存在的问题，建立情感的沟通渠道。教师可以通过课堂教学活动与学生建立情感沟通渠道。有些问题可以集体讨论，有些情感问题则需要师生之间进行有针对性的单独交流。但在沟通和讨论过程中，教师要注意尊重学生的感受，避免伤害学生的自尊心。同时，情感具有外在和内在的表现，教师要仔细观察，了解学生的情感态度，以培养学生积极的情感，消除消极的情感。

二、英语教学的理论基础

（一）比较语言学

19 世纪，在语言学研究的推动下，在比较解剖学、生物进化学说等自然科学以及其他因素的影响下，发展出历史比较的研究方法，形成了语言学史上第一个相对独立的学派——历史比较语言学派。历史比较语言学是把两种或两种以上的语言放在一起加以历史比较，或把同一种语言的历史发展的不同阶段进行历史比较，找出它们之间在语音、词汇、语法上的对应关系和异同的一门学科。通过这门学科，既可以研究相关语言之间结构上的亲缘关系，找出它们的共同母语，或了解各种语言自身的特点对语言教学起到的促进作用，又可以找出语言发展、变化的轨迹及促进语言发展、变化的原因。比较语言学起源于 18 世纪的欧洲，被广泛应用于 19 世纪的印欧语的研究中，并获得了较大的成果。

（二）结构主义语言学

结构主义语言学认为语言是一个内部相对独立的、自足的抽象符号系统。结构主义语言学关注语音、词素、单词、短语、句子等语言单位在整体符号系统中的地位，主要从共时角度对各语言成分之间的关系进行研究。结构主义语言学理论主要产生了以下影响：

1. 为现代语言学研究指明方向

结构主义语言学创始人索绪尔系统地阐述了语言的符号性质，明确了现代语言学的研究方向，还规定了语言学研究的任务，即把语言作为一个单位系统和关系系统进行共时的结构描述和分析，目的是揭示语言结构的共时特点和规律，从而认识语言的本质。在索绪尔结构主义语言学理论的影响下，二十世纪二三十年代，语言学从历时研究转向了共时分析。语言学界不仅出现了结构主义的三大流派：哥本哈根学派、布拉格学派和美国描写语言学派，还启发和影响了其他学派，如伦敦学派、莫斯科学派等。

2. 为现代语言学奠定了方法论基础

根据结构主义的基本理论，索绪尔对语言做出了几种相互关联的区分：语言和言语、共时和历时、内部和外部，并且提出语言各个层面的要素都存在着两种根本的关系，即对立与互补、组合与聚合。结构主义语言学不仅明确了语言研究的范围，而且为现代语言学提供了方法论基础。

（三）社会语言学

语言是人类社会的特殊现象和最重要的交际工具，语言离不开社会，同样语言学必然离不开社会学。人类语言的发展与社会的发展密切相关，语言不可能离开社会而独立存在，没有了语言，人类社会就会停滞。人类虽然有语言的生理本能，但离开了社会环境就会丧失这种本能。社会语言学是研究语言与社会的相互关系、相互作用、相互影响的学科，是运用语言学和社会学等学科的理论和方法，从不同的社会科学的角度去研究语言的社会本质和差异的一门学科。社会语言学认为，语言的最本质功能是语言的社会交际功能。1972年，海姆斯提出了“交际能力”理论。他指出，交际能力是运用语言进行社会交往的能力，既包括言语行为的语法正确性，又包括言语行为的社交得体性；既包括语言能力，又包括影响语言使用的社会文化意识能力。

（四）行为主义心理学

行为主义产生于20世纪50年代的美国，华生（J.B.Watson）和斯金纳（B.F.Skinner）是行为主义的代表。华生认为，人和动物的行为有一个共同的因素，即刺激和反应。心理学只应该关心外部刺激怎样决定某种反应，而不应去管行为的内部过程。他还指出，动物和人的一切复杂行为都是在环境的影响下由学习而获得。斯金纳在其出版的《言语行为》一书中，提出了行为主义关于言语行为系统的看法。他认为，人类的语言、语言的每一部分都是由于某种刺激的存在而产生的。这里的“某种刺激”可能是语言的刺激，也可能是外部的刺激或内部的刺激。斯金纳还指出，人的语言行为跟大多数其他行为一样，是一种操作性的行为，是通过各种强化手段获得的。因此，在课堂上如果学生做出了操作性的反应，教师就要及时给予强化，学生回答正确就说“好”或“正确”；回答错误就说“不对”或“错了”，这样学生的言语行为就会得到不断强化，发生错误的可能性就会降低，从而学会使用与其语言社区相适应的语言形式。语言学习是在不断强化的过程中形成的，当反应“重复”出现时，学习就发生了。

（五）人本主义学习理论

人本主义心理学追求“以人为本”和“以整体人为对象”的宗旨。因为人本主义心理学存在着与行为主义心理学和精神分析学派不同的理论旨趣和思维方法，所以，心理学界把人本主义心理学称为心理学中的“第三种势力”。人本主义学习理论的观点如下：

（1）人本主义学习理论强调人的价值，重视人的意识所具有的主观性、选择能力和意愿。

（2）人本主义学习理论认为，学习是人的自我实现，是丰富人性的形成。

（3）人本主义学习理论强调，学习者是学习的主体，应该得到尊重，任何正常的学习者都有能力教育自己。

（4）人本主义学习理论还提出，人际关系是学习者有效学习的重要条件，它在学与教的活动中创造了“接受”的氛围。

因此，人本主义学习理论强调语言学习既离不开教师对语言知识的传授，又离不开大量的语言实践活动；学习语言的目的是交流信息、沟通思想，因而教师与学生面对面的语言交流和互动才是最有效的学习途径。由于情感因素是人本主义学习理论的最大特点，所以教师在语言教学中，要坚持以学生为中心，突出学习过程和自我实现的价值，认真贯彻“以人为本”的原则。

（六）发生认识论

瑞士著名心理学家皮亚杰（J.Piaget）在20世纪60年代初提出并创立了发生认识论。发生认识论综合运用哲学、心理学、逻辑学、生物学等基本理论，研究什么是知识，知识从何处来，以及认识的形成条件等问题，着重探讨知识的个体发展和历史发展。目的是建立能综合个体发生资料和种系发生资料的一般认识发展理论。该理论试图以认识的历史、社会根源以及认识所依据的概念和“运算”的心理起源为根据，来解释认识，特别是解释科学认识。

皮亚杰指出，不管人拥有的知识多么高深、复杂，都是从童年时期开始的，甚至可以追溯到胚胎时期。所以儿童从出生起，怎样形成认识，如何发展智力思维，它是受哪些因素制约的，它的内在结构是怎样的，各种不同水平的智力、思维结构是按怎样的顺序出现的，这些都是值得探究和思考的问题。

（七）建构主义学习理论

建构主义学习理论是由认知主义学习理论发展而来的，它从认识论的高度提出了认识的建构性原则，强调了认识的能动性。建构主义的代表人物有：皮亚杰、科恩伯格（O. Kernberg）、斯滕伯格（R.J.Sternberg）、卡茨（D. Katz）、维果斯基（Vogotsgy）等。在皮亚杰提出的“认知结构说”的基础上，科恩伯格进一步研究了认知结构的性质与发展条件；斯滕伯格和卡茨等人强调个体的主动性在建构认知结构过程中的作用，并探索了认知过程中如何发挥个体的主动性；维果斯基提出的“文化历史发展理论”强调学习者所处的社会文化、历史背景在认知过程中的作用，并提出了“最近发展区”的理论。这些研究进一步丰富和完善了建构主义理论，为更好地应用于教学创造了条件。

建构主义学习理论的基本观点是学习需要在教师的指导下，坚持以学生为中心的原则。也就是说，该理论主张学生是信息加工的主体，是意义的主动建构者，而不是外部刺激的被动接受者和被灌输的对象。教师是意义建构的帮助者和促进者，而不是知识的传授者和灌输者。但直到20世纪90年代，科学技术的迅猛发展，多媒体和网络技术为建构主义理论提供了技术支持，建构主义学习理论教学设计思想得以实现。

（八）二语习得理论

作为一门独立的学科，二语习得理论形成于20世纪70年代。该理论的主要代表人物是美国南加州大学语言学系教授克拉申（S.Krashen）。克拉申是在总结自己和他人经验的基础上提出的这一理论。该理论共包含了五个假设，即习得 / 学习假设、自然顺序假设、监控假设、情感过滤假设及输入和输出假设。

1. 习得 / 学习假设

根据习得 / 学习假设，培养外语能力主要有两种途径：习得和学习。习得是一种自然的方式，它是一种不被察觉的过程；学习者在有意义的交际中，通过对语言的理解和使用，自然地形成使用语言的能力。而学习则是一种有意识地学习语言规则的过程。学习的目的是弄懂语言知识，并能表述出语言的规则。正确的学习方式能促使学习发生，对错误的纠正有利于弄懂规则，但学习不能导致习得。

对“习得”和“学习”的区分，以及对它们各自在学习者第二语言能力形成过程中所起的作用的认识，是克拉申理论的出发点和核心。在习得 / 学习假设中，克拉申将习得和学习明确地分开，他将习得看作是在学习者无意识的状态下获得语言的过程，学习是学习者有意识地通过课堂学习等方式获得语言的过程，甚至可以说，习得和学习的知识处在大脑的不同部位。

2. 自然顺序假设

研究发现，正如第一语言习得一样，第二语言习得也揭示出一种可以预见的顺序习得语言规律。学习者对某些规则掌握的快慢并不仅仅由规则的简单或复杂决定。最简单的规则不一定是最先习得的规则。在第二语言教学的课堂上，同样存在这种自然顺序。无论是否接受正规课堂教学，外语学习者总是以一种大致相同的顺序来习得第二语言。如一般现在时中，第三人称单数要加“s”，这个规则十分简单，但即便高水平的第二语言习得者在其语言产出中也往往无法正确地使用它。

3. 监控假设

监控假设与习得 / 学习假设有着密切的关系，它体现了语言“习得”与“学习”的内在关系。语言习得系统（即潜意识语言知识）才是真正的语言能力。而语言学习系统（即有意识的语言知识）只在二语运用时起监控或编辑的作用。这种监控作用既可能发生在语言输出前也可能发生在其后。

需要指出的是，监控能否发挥作用还要取决于三个条件：

（1）要有充足的时间。

（2）必须将注意力放在语言形式的正确性上。

（3）需要知道如何运用规则。

4. 情感过滤假设

“情感过滤”是一种内在的处理系统，它在潜意识上以心理学家们称之为“情感”的因素阻止学习者对语言的吸收。它是阻止学习者完全消化其在学习中所获得的综合输入内容的一种心理障碍。

5. 输入和输出假设

输入假设也是由克拉申提出的重要的语言习得理论。他认为，只有习得者接触到“可理解的语言输入”，即比现有的语言技能水平略高；习得者又将注意力集中在对意义或对信息的理解而不是对形式的理解上时，才能产生习得。这一理论的公式为：“i+1”（i 表示习得者现有的语言技能水平，1 表示略高于习得者现有水平的语言材料）。

克拉申的输入假设和斯温纳的输出假设是从两个不同的侧面来讨论语言习得的观点，都有其合理成分，都对外语教学有一定的启示。与克拉申的输入假设不同，斯温纳认为，输出对二语习得的影响更大。斯温纳根据自己的“沉浸式”教学实验，提出了输出假设。她认为语言输入是二语习得的必要条件，但不是充分条件；要使学习者达到较高的外语水平，除了靠可理解性输入，还需要可理解性输出；学生需要被迫使用现有语言资源，对将要输出的语言进行构思，保证其更恰当、更准确，并能被听者理解。这样既可以提高学习者语言使用的流利程度，又能使他们意识到自己在使用语言的过程中存在的问题。因此，在外语课堂教学中，教师应给学生足够的时间和机会使用语言，以提高他们使用语言的实践能力。

第三节　英语教学的构成

构成英语教学的要素主要包括教师、学生、教学内容、教学方法和教学环境。这里就分别对这五种要素加以阐述。

一、教师

（一）教师应具备的素质

教师在英语教学中起着重要作用，是英语教学的重要构成要素之一。在英语教学中，教师应该具备良好的素质，以便成功组织一堂英语课。下面仅简略介绍一名合格的英语教师需要具备的素质。

（1）英语教师应该具备良好的思想道德素质和文化素质。教师的思想道德素质就是师德，是否具有良好的思想道德素质是衡量其是否热爱祖国的教育事业，包括语言文化，能否塑造学生美好的灵魂。教师的文化素质对其观察、认识和判断事物的能力具有直接影响，进而会影响学生辨别真假，区分良莠的能力。

（2）英语教师应该具备先进的教育思想与教学理念。英语教师的教育思想直接影响教学对象的发展方向和过程。教育部对教师的教学思想和教育观念提出了“三个转变”的要求，即将唯社会价值或唯主体价值观念转变为在满足社会的前提下，充分尊重人的主体价值，使社会价值与主体价值协调平衡的价值观；将传统知识价值观转变为含有知识、能力等智力因素与非智力因素全面发展的素质教育观；将急功近利的教育发展观转变为可持续发展的教育发展观。教师教学理念的不断更新，是保证教学时效性、鲜活性和先进性的关键。

（3）英语教师应该具有积极的情感态度，坚强的意志与坚定的信念。由于英语学科的特殊性，英语教师既要对英语国家的社会与文化有所了解，又要有敏锐的解析能力，以便在浩如烟海的英语学习资源中，选择最合适、最好、最益于学生发展的素材。教师还应该有坚定的社会主义立场，同时积极吸收英语国家先进的文化。英语教师的态度与立场直接影响学生对英语语言与文化的兴趣和学习动力。

（4）英语教师应具有丰富的英语语言知识和扎实的英语语言技能，因为英语教师的示范作用比其他学科更加显著。

（5）英语教师应该不断完善自己的学习和教学策略。在这个学习型社会中，终身学习是每一个现代人必备的觉悟。英语教师身兼学习者、教学者和研究者三重角色。英语教师应该勤奋，不断学习，拓宽自己的知识领域，深入学习本学科以及相关学科的知识。不断完善自己的学习策略和教学策略，提高自身能力。

（6）英语教师应具有科学精神和创新精神。教师是引路者，应引领学生进入科学的殿堂，培养学生崇尚科学、弘扬科学的精神。不断进行科学创新，是教师的主要职责。英语教师应勇于尝试，勤于实践，争取在教学方法上和行动研究中有所成绩，做知识的评判者、传播者，不做知识的“传声筒”。

（二）在英语课堂教学中应注意的几个问题

在英语课堂上，教师既是课堂的掌控者，也是学生的引导者。一名合格的英语教师首先应该具有纯正的发音，要热爱教学，性格活泼。对待学生的态度要和蔼，思维要敏捷，语言要幽默。然而，并非所有的英语教师都具有纯正的发音，如果教师发音欠佳，则可通过多媒体等手段加以弥补，使学生听到纯正的发音。同时，教师在讲解单词、句子、课文时，要穿插必要的解释，并重复难懂的关键词语。

在大多数英语课堂中，教师的讲话占据了课堂一定的时间。不可否认，教师的讲话有助于学生习得新的语言知识，但不能因此牺牲学生的练习时间。同时，教师要注意不断变化课堂教学的形式，以增加课堂的趣味性。优秀的英语教师还应具有很强的应变能力，能预测课堂活动中出现的新动向，能很好地处理课堂上的突发情况，保证课堂活动生动有序地进行。

此外，教师在课堂上要注意随时调整自己的提问方式、语言运用和提供反馈的方式。

在英语课堂中，提问可以说是教师最常使用的也是非常有效的教学技巧之一。通过提问，教师可以有效激发学生的学习兴趣，促使学生积极思考。语言运用的方式非常重要，为了让学生对所讲述的内容有一个充分的了解，教师可以采用重复话语、降低语速、增加停顿、改变发音、调整措辞、简化语法规则、调整语篇等方法。

学生在英语教学中是反馈者。同样，教师提供反馈也十分重要。所谓教师提供反馈是指教师为学生的学习情况提供的反馈。教师的反馈可以是对学生话语的回答，如表示学生问答正确或错误、赞扬鼓励、扩展学生的答案、重复学生所答、总结学生回答、批评等。总之，教师的目的就是采用不同形式的教学方法，调动学生的积极性，扩展学生的知识面，培养学生的学习能力，提高整体教学的效果。

（三）教师专业发展的途径

教师提升自身的专业素质是其在教育行业持续发展的重要基础。下面就介绍几种发展教师专业素质的途径。

（1）具有可持续发展的意识与能力。教师是否有可持续发展的意识与能力，是衡量其是否优秀的关键因素之一。专业发展导向的观点认为，教师的内部动机比外部压力更具有激励作用。外部压力只能迫使教师达到最低的标准而很难达到最佳的水平。因此，教师专业发展需要教师积极主动地参与，充分发挥其能动性。

（2）增强教学反思意识。教学反思被认为是“教师专业发展和自我成长的核心因素”。教学反思指教师立足于自我批判进而考查自身教学行为以及创设教学情景的能力。它要求教师细致观察发现、遇到的问题，通过系统、科学的分析与研究，从而提高教育、教学质量和自身理论水平。没有反思的教学不是完整意义上的教学。教学反思的形式多样，如教师的行动研究，建立教师档案，记录教学日志等。

（3）强化教师职业培训。教师培训是促进教师专业发展的重要手段之一。教师培训是以教师需求为出发点，以教师教学需要为中心的互为补充的教师培训方式。教师培训主要包括：职前高校教育、校本培训和教师发展学校培训。强化教师职业培训是将职前教师培养和职后教师培训终身化的有机结合，使教师职业培训贯穿教师职业生涯的全过程。在制定与实施培训方案时，应力求做到教育观念正确，培训活动符合教师的个性化发展，目标明确，评价体系合理，并树立终身教育的理念。

（4）完善教师资格证书制度。近年来，教师资格证书制度越来越受到重视，它被认为是教师专业化、职业化的必备条件。完善教师资格证书制度要完善教师资格认定机构的功能建设，确立科学、规范的教师资格认定程序，建立监控和申诉机制等，确保教师的资格认可制度管理严谨、透明和合理，实现教师管理制度的科学化、规范化和程序化。

二、学生

（一）学生在英语课堂中扮演的角色

在英语课堂上，学生是主体和中心。具体来说，学生的角色包括以下四个：

（1）主人。学生既是教学活动的主体，也是学习的主体。学生对知识的探索、发现、吸收以及内化等实践，使学生逐步构建自己的知识体系，从而形成科学的世界观、人生观和价值观。

（2）参与者。学生应当积极主动地参与到各项教学活动当中，并积极思考、充分表达自己的观点，展示个人才能。

（3）合作者。英语学习是在师生之间及学生之间共同进行的，学习过程自然也是团队合作的过程。在合作中，他们可以互相学习，共同提高。

（4）反馈者。在英语教学中，学生会根据自身的学习经历和教学法的实用性，向教师提出建议和意见，并协助教师完善教学内容和教学方法，最终提高教学效果。

（二）学生之间的个体差异

教育的根本目的在于培养人，这就要求教育者必须掌握学生生理、心理发展的规律和学生之间的个体差异。学生之间的差异，特别是在学习动机、学习态度以及自身性格等方面的差异，使他们理解和掌握新知识的速度和程度会有所不同。

1. 语言潜能

语言潜能是一种对语言的掌握和灵活运用的能力，是学生学习外语所需要具备的一种能力，也是学生学习外语的能力程度。努力提高学生外语素质就是要培养学生的语言综合运用能力，而语言潜能正是通过学生的认知素质来预测其学习外语的潜在能力。卡洛尔（Carroll）指出，外语学习能力应包括如下几项：

（1）语音编码、解码能力，即关于输入处理的能力。

（2）归纳性语言学习能力，即有关语言材料的组织和操作的能力。

（3）语法敏感性，即从语言材料中推断语言规则的能力。

（4）联想记忆能力，即关于新材料的吸收和同化的能力。

2. 认知风格

所谓认知风格，是指人在信息加工的过程中表现出来的认知组织和认知功能方面的风格，既包括个体知觉、记忆、思维等认知过程方面的差异，也包括个体态度、动机等人格形成和认知功能与认知能力方面的差异。不同的学生具有不同的认知风格。不同的认知风格有着不同的优势和劣势，但这并不能决定学生学习成绩的差别。学生之间可以有各自偏爱的信息加工方式，在学习不同材料时也会各有所长。当学生的认知风格与教师的教学风格、学习环境中的其他因素相吻合时，学习成绩会更好。因此，教师应该对学生不同的认知风格有所了解。针对不同的学习任务和学习环境因材施教、妥善引导，使自己的教学特点与学生的需要有机联系，从而获得良好的教学效果。

3. 情感因素

学生在学习英语的过程中还会受情感因素的影响，这里仅做简要概述。

（1）学生的性格。性格是指一个人对现实的态度和行为方式表现得比较稳定但可变的心理特征，是学生的重要情感因素，也是决定其英语学习成功与否的关键因素之一。人的性格大体可以分为外向型和内向型两种。一般来说，学生的外向型性格更有利于交际方面的学习，因其喜欢交际，不怕出错，能积极参与英语学习活动，并在活动中寻求更多的学习机会；而内向型性格的学生在发展认知型学术语言能力上更占优势，因其善于利用沉静的性格从事阅读和写作。对教师来说，研究学生在性格上的差异的最终目的是充分了解学生的个体差异和不同的心理状态，发挥不同性格学生的优势，因材施教，以获得更理想的教学效果。

（2）学生的态度。态度就是个体对待他人或事物的稳定的心理倾向或为达到某种目的而做出的一定努力，是影响英语学习的重要因素之一。态度主要包括三个成分：情感成分、认知成分和意动成分。

①情感成分，即对某一个目标的好恶喜厌。

②认知成分，即对某一个目标的信念。

③意动成分，即对某一个目标的行动意向以及实际行动。

一般来说，对其他文化抱有好感，向往其生活方式，渴望了解其历史、文化和社会习俗的学生，对其文化与语言会持积极的态度，这样就可以获得良好的学习效果。反之，如果对其他文化抱有轻蔑、厌恶甚至仇视的态度的学生则很难认真了解该文化并学好语言。此外，学生对学习材料、教学活动的组织形式及对教师的态度都会影响到他们英语学习的效果。

总之，对学生个体差异的分析是为了使教师能够根据学生的个体差异制订教学计划，选择适合的教学材料和方法，具有重要的实践意义。

（三）语言学习成功者的特点

大体上说，语言学习成功者具有如下几个特征：

（1）认真并愿意听教师讲课，勤于做笔记，经常复习教师讲过的单词、短语、句子和课文。

（2）富有实践精神，能大胆运用所学知识，不怕出错，对教师的纠正有正确的态度。

（3）热爱思考，勤于尝试用英语思维来考虑问题，并善于将所见所闻与学过的英语知识联系起来。

（4）懂得通过与教师进行适当的交际提高语言水平，因此经常提问，并愿意积极发言。

（5）有适合自己的学习方法，而且个体之间都有所不同，如有些学生喜欢早上记忆单词，背诵课文；有些学生喜欢睡前记忆单词，背诵课文。可见，好的学生善于寻找适合自己的学习方法和时段。

（6）具有长远的学习目标，设定的近期目标往往比目前学习的内容更深入，善于充分利用课堂与教师和同学进行沟通。

（7）懂得如何安排自己的课后学习活动，懂得学习英语“贵在坚持”。

（四）学生学习策略的培养

学生如果能运用有效的学习策略，将会大大改进英语学习方式，减轻学习负担，提高学习效率，有利于其形成自主学习的能力。

在英语教学过程中，教师应有意识地培养学生制定学习策略的能力，通过教与学的互动，帮助学生制定良好的学习策略。

（1）教师要教会学生识别当前使用的学习策略，发现不适合其学习的策略，及时告知调整方法。

（2）教师要有意识地帮助学生制定学习策略，并使其获得不断调整策略的能力，充分认识到学习策略对提高学习效果的意义。

（3）教师在教学中要不断地渗透一些学习策略的训练，给学生提供运用学习策略的机会和材料，帮助他们有效使用这些策略，用科学的学习方法学习英语。

（4）教师要了解不同学生的特点、观念和常用学习策略，然后结合学生的学习风格，指导、评价学生的自我评价策略是否成功。

三、教学内容

教学内容是指在教学活动中为实现教学目标，师生共同作用的知识、技能、技巧、思想、观点、概念、原理、事实、问题、行为习惯的总和。英语教学内容是一种特殊的知识系统，既不同于英语知识本身，也不同于日常经历；既要考虑英语学科本身的知识体系，又要考虑学生的年龄特点和实际需求等。具体来说，英语教学内容主要涉及以下五个方面：

（一）语言知识

基础英语语言知识是英语综合运用能力的有机组成部分，是英语学习和英语运用的重要内容之一。如果没有扎实的英语知识，就不可能具有较强的英语能力。

（二）语言技能

英语的听、说、读、写是学生学习和运用英语必备的四项基本技能，是形成英语综合运用能力的重要基础和手段。听是分辨和理解话语的能力；说是运用口语表达思想、输出信息的能力；读是辨认和理解书面语言的能力；写是运用书面语表达思想、输出信息的能力。学生通过大量听、说、读、写的专项练习和综合性英语实践活动，形成这四种技能的综合运用能力，为真实的英语交际奠定基础。

（三）学习策略

学习策略是指学生为有效地学习和发展而采取的各种行动和步骤。英语学习策略包括认知策略、调控策略、交际策略和资源策略等。培养学习策略有助于学生有效学习英语，为终身学习奠定基础。使用有效的学生英语学习策略，可以改进学生英语学习方式，提升学习效果，还可以让学生学会如何学习，从而培养学生终身学习能力。因此，教师要有意识地帮助学生制定适合自己的学习策略，对自己的学习过程和效果进行监控和反思，培养学生根据学习风格不断调整学习策略的能力，引导学生观察他人的学习策略，与他人交流学习体会，尝试不同的学习策略。

（四）文化意识

在外语教学中的文化指所学语言国家的历史地理、风土人情、传统习俗、生活方式、文学艺术、行为规范、价值观念等。对学习英语的学生来说，接触和了解英语国家文化有利于学生对英语的理解和运用，加深对本国文化的理解与认识，有利于提高学生人文素养，培养世界意识。因此，教师在教学中要注意向学生渗透文化意识，根据学生的年龄特点和认知能力，传授文化知识，培养文化意识和世界意识。

（五）情感态度

情感态度是指兴趣、动机、自信、意志和合作精神等影响学生学习过程和学习效果的相关因素，以及学生在学习过程中逐渐形成的祖国意识和国际视野。在教学中，教师应不断激发并强化学生的学习兴趣，引导他们逐渐将兴趣转化为稳定的学习动机，使学生树立自信心，锻炼克服困难的意志，认识学习的优势与不足，乐于与他人合作，养成和谐和健康向上的品格。

四、教学方法

教学方法是教师和学生为了实现共同的教学目标，完成共同的教学任务，在教学过程中运用的方式与手段的总称。

从古至今，英语教学界出现了大量教学方法，并且在英语教学中发挥着重要作用。但经过一系列的实践得出，没有最好的、只有最有效的教学方法。也就是说，如果在教学过程中采用固定的、一成不变的教学法，必然会引起学生的反感，进而降低教学的效果。即便是在一堂课中使用一种教学方法，学生也会感到乏味，影响课堂教学效果。因此，在整个教学过程或某一具体课堂教学中，应采用不同的教学方法，这些教学方法应对语言技能各有侧重，利于学生的全面发展。

五、教学环境

每一种教学活动都是在一定的教学环境中进行的，教学环境是开展教学活动的重要因素之一。同样，英语教学也只有在教学环境中才能进行。

（一）英语教学环境的三个要素

英语教学环境是指英语教学赖以进行的实际条件，即能稳定教学结构、制约教学运作、促进个体发展的教育条件和环境因素。英语教学环境制约和影响着英语教学活动的效果。英语教学环境的因素主要有三个：

1. 社会环境

社会环境是影响和制约英语教学过程的重要因素，它主要指社会制度、国家的教育方针、外语教育政策、经济发展状况、科学技术水平、人文精神、社会群体对英语学习的态度，以及社会对英语的需求程度等。社会环境因素是英语教学向前发展的动力，对英语教学具有重要的导向作用。

2. 学校环境

学校是为学生提供学习场所的最佳环境，它对英语教学的影响更为重要和直接，决定着绝大多数学生英语学习的成败。学校环境主要包括课堂教学、接触英语的时间和频率、班级的大小、教学设施、教学资料、英语课外活动、英语教师和其他教职工对英语的态度及其英语水平、校风班风和师生人际关系等。

3. 个人环境

个人环境主要包括学生的家庭成员、同学、朋友的社会地位，物质生活条件，文化水平，职业特点，对英语学习的态度、经验、水平及学习方式，成员之间的关系及感情，拥有的英语学习设备和用具等。个人环境也会对学生的英语学习产生一定程度的影响。

（二）良好的教学环境对英语教学的意义

良好的教学环境对英语教学具有以下意义：

（1）可以促进教师在教学中更加努力地营造良好的英语课堂教学环境。充分利用现代化教学手段与教学资源，优化教学环境，提高学生对英语的运用能力。

（2）可以帮助教师正确认识环境对学生英语学习的客观影响，结合英语教学实际，理性地分析、判断和选择英语教学理论和教学方法。

（3）可以帮助教师有效地加工语言输入材料，科学地设计语言练习，创设良好的课堂英语使用环境。

（4）有利于教师不断学习和实践优化课堂教学环境的策略，在创设良好的英语教学环境过程中，提高其自身的教学素质。

第四节　影响英语教学的因素

一、国家教育政策

国务院教育行政部门颁布的任何一项有关大学英语教学的规章制度都对大学英语教学具有深远影响。例如，由教育部高等教育司制定并由教育部办公厅颁布的《大学英语课程教学要求》详尽规定了大学英语教学的性质和目标、教学要求、课程设置、教学模式、教学评估、教学管理等。大学英语教学是高等教育的一个重要组成部分，是大学生必修的公共基础课程，是一门以英语语言知识与应用技能、学习策略和跨文化交际为主要内容，以外语教学理论为指导，并集多种教学模式和教学手段为一体的提高学生综合人文素质的重要课程。总的来说，大学英语教学改革对大学英语教学产生了以下几个方面的积极影响。

（1）提高了学生英语综合应用能力，尤其是听说能力和自主学习能力的提高。学生成了大学英语教学改革的直接受益者。

（2）大量新型的复合型大学英语教师涌现出来。他们十分熟悉外语教学的相关理论，有着较强的英语运用能力，能合理地运用现代教育技术，并能灵活地使用计算机进行教学。在改革的过程中，教师改变了自己的教学理念，并将这些理念转变为自觉的教学行为，努力转变角色，将自己变成英语教学的指导者、促进者、监控者和管理者。

（3）对大学英语教学管理机制的健全做出了较大贡献。此次教学改革促使学校教学管理措施更加有力、教学文档更加齐全；有的学校还采用了项目驱动、绩效管理方式，形成了激励机制；还有一些学校形成了校园二级督导和师生教学评价机制；建立健全的保障机制。

二、社会需求与环境

随着中国经济的快速发展，对具有英语（或者其他外语）语言能力的人才需求越来越大，要求越来越高。越来越多的中国人和中国企业走出国门，越来越多的外国人和外国企业走进中国，这些都引发中国人学习英语（或者其他外语）的热潮，同时也掀起了中国的外语教与学，包括英语教学和学习的热潮。大学英语四、六级考试就是在这样的时代背景下逐步发展起来的，对大学英语教学和学习起到了相当大的促进作用。社会需求使大学英语教学越来越重要。但是，对不同人才的具体要求是不尽相同的，如社会现在急需一些同声传译人才。据统计，全球这类人才总共有 2 000 多人，我国专业的同声传译员还不足 100 人。随着我国与世界交流的日益频繁以及国际地位的日益提高，我国对专业同声传译人才的需求越来越大，可是真正专业的同声传译人才却供不应求。目前，专业的同声传译人才在北京、上海、广州等城市都较为缺乏，其他城市更少。许多企业或组织以高薪聘请同声传译人才，依旧很难得到满足。同样，我国对英语专门人才的需求量也很大，但这样的人才也很少。事实上，当前社会对外语人才的需求已发生了较大的变化，相关部门进行过的一次问卷调查显示，目前市场对纯外语人才的需求并不多，更需要一些具有广博知识的人才。现在我国懂外语的人数有很多，但能熟练使用外语的工程技术人才却很少。懂外语的机械、化学、工艺、软件等专业的技术人员更加稀少，想找到符合公司或企业要求的人才就显得十分困难。因此，外语水平的高低直接决定着从业人员的发展前途。此外，目前中国还需要一般的外语人才，这类人才需要具备与其工作相关的外语能力。对于普通群众来说，只需具备大众层次的外语能力，可以在一定场合或机会下用英语进行交流即可。当然，也有由于个人爱好而学习外语的人，这也是社会上对外语的一种需求。

总而言之，我国社会经济发展的需求与社会环境对大学英语教学的影响很大。社会对英语人才的需求量越大，对人才质量的要求越高，对大学英语教学的推动力就越强。

三、学校规章制度及环境

学校是培养人才的基地，是国家教育法律和法规的执行机构，是培养社会上所需求人才的摇篮。一所学校制定的相关教学文件对其培养人才的教学活动起着重要的作用。同样，一所学校的校园文化、学习环境对其人才培养同样起着重要的作用。其具体影响和作用主要是通过课程与学分设置、课程设计与教学大纲制订、课堂教学及校园第二课堂的组织与管理等体现出来。

四、教师及课堂环境

教师是决定大学英语教学质量的关键因素，是大学英语教学的重要因素之一，在英语教学中起着主导作用。在大学英语教学中，教师一般会扮演两种角色，即掌控者和引导者。作为一位合格的英语教师，首先应该具有纯正的英语发音。然而，并非所有的英语教师都具备这一能力，所以教师可借助多媒体等手段来弥补自己在发音上的不足，保证学生能听到纯正的英语发音。另外，在讲解单词、句子、课文时，教师应进行解释，要反复讲解难懂的知识点。

在英语课堂上，教师的讲授常常占据了课堂的大部分时间，不可否认，教师的讲解有利于学生掌握语言知识，但也不能因此占用学生的练习时间。同时，教师还要注意采用多样的教学形式，以增强课堂的趣味性。一个有丰富经验的英语教师应该有极强的应变能力，能预测课堂活动中出现的新情况，能很好地处理课堂上的突发事件，确保课堂活动的有序展开。

教师还要不断改变自己的提问方式、语言运用方式和提供反馈的方式。在英语课堂上，提问是教师常用的一种教学策略。通过提问，可以有效激发学生的学习兴趣，促使学生积极思考。另外，语言运用的方式也很重要，为了让学生对所学知识有一个充分的了解，教师在教学中可以采用重复话语、降低语速、增加停顿、改变发音、调整措辞、简化语法规则、调整语篇等措施。

提供反馈是指教师对学生的学习情况做出反馈。教师的反馈可以是对学生话语的回答，如表示学生回答正确或错误、赞扬鼓励、扩展学生的答案、重复学生所答、总结学生回答、批评等。

综上所述，教师是大学英语教学的实施人，是大学英语学习者的亲密伙伴，是大学英语教学不可或缺的关键要素。教师及课堂环境对大学英语教学有着至关重要的作用。

五、教材与教法

（一）教材

教材分广义和狭义两种。广义上的教材就是一些教学的辅助材料或相关教学材料。其实这类教材不仅包括传统意义上的教学辅助材料和教学相关材料，还包括利用现代教育技术而生成的电子版教学材料和网络学习以及软件学习材料；而狭义上的教材是指严格意义上的教材，也是教学中使用的主干教材，对我国大多数英语学习者来说，他们使用的多是这类教材，通过对这种教材的学习可以掌握大量的知识和技能。历史上这类教材在教学过程和体系中始终占有重要的地位，直到今天它也依然占据主导地位。如今我们使用的教材是以上两者的结合。教育管理部门对教材也做了科学的解释：“凡是有利于学生增长知识或发展技能的材料都可称作教材。”鉴于教材在教学中的重要地位和影响，只有教师有正确、全面的教材观，才能充分发挥教材的优势和作用；发挥教和学的多元化、多渠道、多方位功能；最大化地提高教学效率，从而提高教学效果。

此外，语言教材与其他学科的教材是有区别的。大学英语教材所承担的任务比其他教材还要艰巨。首先，教材要坚持科学的语言学习观，即通过教材的编写向学习者输入一定的语言学习理念；其次，教材要尽可能根据学习者的学习规律和需求为其提供大量的语言素材，使学习者在不利的语言学习环境下也能提高学习效率。

如果将大学英语教学过程看成是一个链条，课堂教学则是整个教学链上的重要一环，而教材只是一种载体或媒介，甚至只是一个课本而已。但在缺乏语言学习环境的条件下，就是这个“小角色”，承载着课堂教学的希望。可见，教材对英语课堂教学有至关重要的作用。

（二）教学方法

此处的教方法指教学理论、方式、方法和途径。在大学英语教学过程中，虽然具备了等同的教师、教材、学生等教学要素，教学效果却时常大不相同，因为这里还存在着许多的变量。例如，由于教学方法的不同，即使是同一个教师，运用相同的教材，面对近乎相同的学生，其教学效果也会大不一样。而不同的教师运用不同的教材和不同的教学方式与方法来教不同的学生，则会对教学效果产生千差万别的影响和作用。因为教学过程中的任何变量都会对教学过程产生影响，直至影响到最终的教学效果。教法不同，也会对其他关键的教学要素诸如教师和学生等产生影响，自然也会影响教学效果。

第五节 跨文化交际与大学英语教学

一、跨文化交际的概念

美国学者拉里（1998）等人将跨文化交际定义为“具有足以改变交际效果的不同文化知觉和符号系统的人之间的交际”。我国学者贾玉新（1997：23）将跨文化交际表述为“不同文化背景的人们之间的交际”。

关世杰（1996：49）认为跨文化交际是“一种文化背景的人、群体与另一种文化背景的人、群体进行的交流”。

跨文化交际既可以指“跨”不同种族、不同民族、不同国家或不同政治、经济体制之间的交际，也可以指“跨”不同性别、不同年龄、不同职业、不同阶层、不同教育程度，甚至同一国家不同地区的交际等（赵爱国、姜雅明，2003：29）。

跨文化交际已经成为21世纪的时代特征。任何希望参与国际事务、国际合作和国际竞争的国家、民族和机构都无法回避这一时代特征所提出的挑战。就个人而言，无论是从职业发展还是个人素质来看，培养和增强跨文化交际能力都具有特别重要的意义。跨文化交际能力的培养是一个巨大的工程，仅依靠短期跨文化培训是不可能完成的。作为一项跨学科的教育活动，跨文化交际能力的培养应该是一个由多个学科共同参与、通力合作的配套工程（张红玲，2007：66）。

二、外语教学是跨文化交际的重要途径

语言是文化的符号，即“符号文化”；文化是以人为晶核的广义文化，即“人化”；交际是符号系统、语用系统和文化系统的“信息转换”；外语教学是一种“交际”即“文化适应”。前面有关语言、文化、交际、跨文化交际的定义告诉我们：语言是“符号”，任何外语教学都必须明确要学会所学语言，就必须学习和认识语言符号系统所具有的形式与意义及其组合规律。语言又是“文化的符号”，完整的外语教学不但要考虑所学语言结构系统、语义系统，使用系统所包含的文化背景知识以及所学语言国的社会文化因素，还必须充分考虑到教学主体的社会心理因素和社会行为因素。交际是不同文化背景的人们进行的“信息转换”，因此必须符合符号信息共同性、文化信息共享性、语用信息一致性和文化定型适应性等要求；教学是“交际”。因此，任何外语教学都必须把语言作为跨文化交

际的工具来传授，也只有在跨文化交际中学习才能真正学会使用所学外语（赵爱国、姜雅明，2003：332）。可见，外语教学就像一根针，把语言、文化、交际连接在一起，编织在一起，是成功进行跨文化交际的重要途径。

三、大学英语跨文化教学主要关注的问题

（一）英语本土化

英语作为世界通用语的地位已无可争议，但随着英语的全球化进程，广泛的英语本土化也随之产生。凯齐卢认为英语在某一地区被采用，不管是出于科学、技术、文学方面的目的；还是由于获得名望、地位或是现代化的原因，它都会经历一个再生的过程。这一过程既包括语言上的再生，又包括文化上的再生，这一过程被人们称作“英语的本土化”。随着中国国力的增强，国际影响力的不断提高，中国特有的事物和概念需要被世界认识和了解，反映中国特有事物和概念的英语表达逐渐被外界所接受，“中国英语”的研究越来越引起人们的关注。因此，在英语本土化的大背景下，及早确认“中国英语”的定义和定位以及“中国英语”的特点等问题，对目前中国的大学英语跨文化教学具有重要意义。

1.“中国英语”的由来

人们都在以自己的方式理解和把握现实世界。中西方世界观、价值观方面的差异、对物质和精神世界的不同理解和认识都必然要在语言中体现出来。英语作为世界通用语，随着英语的传播自然会使英语同当地的语言、文化、习俗等相结合，从而导致英语的变异，形成带有本地特征并在各个层面（语音、词汇、语法、话语、语域、风格、文学流派）与母语英语有不同程度差异的英语变体。

近年来，伴随着国家改革开放步伐的加快和对外宣传和交流的发展，中国社会各领域，例如经济、社会、文化、日常生活等发生了翻天覆地的变化，表达中国特有事物的英语词汇不断涌现，对英语的词汇、句法以及语篇等方面都产生了不容忽视的影响。大量的汉语借词进入英语，形成一种英语变体——“中国英语”，成为规范英语的一部分。

“中国英语”是国际英语的重要组成部分，是中国对外开放期间，用来描述中国特有的社会、文化、自然、少数民族等的英语表达，对中西文化交流具有积极作用。它与硬搬汉语句法和词汇的不合规范的蹩脚的“中式英语”有本质的不同，不可混为一谈。

“中国英语”是葛传槼先生在1980年首次提出的。从孙骊1989年发表《英语国别变体的研究和英语在中国》一文起，人们才真正开始关注和研究“中国英语”。

“中国英语”留存了英汉两种语言的特点，但其本质则是英汉两种语言世界观共同作用的结果，因为作为认识主体的个人，必然将其主观意念置于客观的知觉和思维过程之中，而每一种语言都是独特的世界观的体现。中国哲学注重“物我合一”，主客观统一，强调思维上的整体观；西方哲学则“物我分明”，主客观对立，注重个体思维，汉英在语言上的差异实际上是复制了思维方式的对立。“中国英语”是从意合出发追求形合，是两个反

向运动的思维模式的暂时妥协。思维模式一旦成形就难以改变，它总是借助某一特定的语言系统尽可能完美地呈现出来（付宁，2007）。如“fairly comfortable standard of living”（小康水平）等。“中国英语”的出现体现了语言世界观的基本观点（贾冠杰，2013）。

从语用的视角看，“中国英语”必然与中国人的行为模式和认知方式密切相关。“中国英语”是东西方跨文化交流的产物。“中国英语”是对外传播华夏和世界了解中国社会和文明的主渠道之一，也是中华文明向世界传播的主要载体之一。

“中国英语”体现了对东方（亚洲）文化和价值的认同趋向，当然也是中国人在国际舞台上的声音和说法。因此，要用英语真实地描写和反映中国人的行为模式、中国社会的现状和中国人的日常观念和思想，构成“中国英语”的语用视角，而绝不能用英语来错误地描述中国人的行为模式、思维形象和意识形态（金惠康，2003：301-310）。

2.“中国英语”的特点

“中国英语”受汉语思维方式及中国社会文化的影响，作为规范的英语变体，以规范英语为核心，在词汇、句法及语篇层面均表现出其独有的中国特点。

（1）以规范英语为核心，填补英语表达空白。“中国英语”符合英语语言的使用规则，语音、语调、语法和表达方式基本上都是按照英语国家的习惯，填补了英语中的词汇空白、文化空白和中国意念表达的空白，使国际英语的描写范围得以扩展。

（2）表达内容多具有中国特色，能够反映中国文化。“中国英语”借助汉语表达法、句法、修辞、篇章结构以及认知方式来表达中国人的世界观、价值观、文化传统、社会习俗、饮食习惯、民族风情风貌、人文地理和不同于西方社会的具有中国特色的种种内容，反映中国不同时期的历史与社会发展、政治经济、教育文化和价值观念等。例如：One country, two systems（一国两制）、Market-Oriented Economy（市场经济）、Four Books（四书）、Four Modernizations（四个现代化）、Open-door policy（开放政策）等。

“中国英语”具有汉文化和汉语特色，贴近中国社会现实，描写恰如其分，便于海内外华人掌握使用。

（3）通过音译、借译及语义再生等手段进行交流，丰富了国际英语的内涵和表达方式。描写中国意念、文化传统、独有概念、特有事物，使国际英语的内涵和表达方式日趋丰富。

音译指借用汉语拼音进行英语表达。例如，“kungfu（功夫）、Kowtow（叩头）”等。借译是指借助英语的表达形式，将汉语词汇逐词翻译出来。例如，Paper Tiger（纸老虎）等。语义再生是指英语中的某些词汇被用于中国这个特殊环境时，所包含的意思发生扩大或缩小，褒贬色彩转换等变化。例如，“Engineer”一词既可表达“工程师、专家”，也可指某些体力劳动者。但在“中国英语”中，其含义范围仅限具有专业性技能或相等任职资格的人士（金惠康，2003：303；陈俊，2012：54-56）。

3.“中国文化失语”现象

在跨文化交际实践活动中，英语学习者除因对目的语的国家民族文化缺乏认识影响跨文化交际外，其对中国文化认识的欠缺、不知如何用英语表达中国文化也是产生交际障碍的重要原因。这就是所谓的“中国文化失语症”（从丛，2000），即中国英语学习者在跨文化交际中无法用英语表达中国文化。从丛指出，交际行为是双向进行的，跨文化交流绝不仅限于对交流者中某一方面的单向理解，还包括交际双方的“文化共享”和彼此的“文化影响”，后两者往往对交际的成功进行起着更为重要的作用。从丛还认为，英语教学中对西方文化教学不足，致使国际交往中多层面交流障碍的发生，而中国文化教学在英语教学中几乎为零，其对国际交流产生的负面影响则更为严重。交际者在跨文化交际中往往缺乏平等意识，只是被动地向交际方提供其所需要的一般信息，或单向地了解、获取英美文化知识，而不能够积极主动地、有效地向外输出本民族的文化。这说明我国目前英语教学对本民族语言文化的英语表述没有给予足够的重视。人们过分强调母语文化在外语学习中的负迁移作用，却忽略了母语文化同样可以发挥正迁移的效应。跨文化交际不是一个单向的过程，不是简单地对目的语的认识、接纳和理解。跨文化交际者承担着重大使命，不仅仅要把世界先进文化引进来，同时还要把中华文化传播到世界各地。应把中国文化教育贯穿于英语教学的始终，使中国文化教育系统化，满足跨文化交流中文化互补与融合的时代需求。很显然，以目的语为中心的文化教学观已经不能满足向世界传播中国文化的重大历史任务要求，只有“学贯中西”，才能正确处理中西文化冲突，才能以深厚文化素养和独立的文化人格成功进行跨文化交际（赵冬云，2004）。

（二）大学英语教学全球化和地方化环境中的重新定位

大学英语教学面向非英语专业本科生，对高校学生外语素质的培养有着重要作用。2017 年，教育部颁布的《大学英语教学指南》（以下简称《教学指南》）认为大学英语教学是“以外语教学理论为指导，以英语语言知识与应用技能、跨文化交际和学习策略为主要内容，并集中多种教学模式和教学手段为一体的教学体系”，以“培养学生的英语综合应用能力，特别是听说能力，使他们在今后学习、工作和社会交往中能用英语有效地进行交际。同时增加其自主学习能力，提高综合文化素养，以适应我国社会发展和国际交流的需要”为教学目标。

21 世纪外语人才需求趋向多元化、国际化，跨文化交际能力成为大学生的重要能力之一。没有一定的跨文化交际能力，就难以在多元文化环境中生存与发展。

外语人才的需求使大学生的培养目标，无论在宏观上还是在微观上都必须把跨文化交际能力放在一个重要位置上加以强化。“外语教学的目标、内容、方法必须适应时代的发展”（张红玲，2007：2）。使学生不仅有基本的文化素质，还能够突破文化差异的障碍，在国际文化交流传播活动中减少由于各自文化背景的不同而产生的误解和冲突，从而使双方避免以本族文化观念去理解或解释这些误解与冲突，而以积极、宽容的态度努力沟通并消除误解，从而在中国文化和世界文化之间顺利跨越“文化鸿沟”，构建“文化桥梁”（颜静兰，2012）。

人才的培养始终都以社会需求为目标。大学英语跨文化教学应当以社会需求为落脚点，结合大学英语教学的特殊性，将大学英语教学跨文化交际能力（ICC）定位。

大学英语教学中跨文化能力的定位可以被描述为“跨文化实践能力和跨文化思维能力的统一体”。前者对学生在今后的工作中完成实际任务不无裨益，而后者则是对学生思维方式的塑造与提升，能使他们触类旁通，在跨文化交际语境下应付自如（杨盈，2012）。对跨文化交际能力进行定位，其目的在于为大学英语教学培养具备跨文化能力的人才提供依据。大学英语跨文化教学是一个系统工程，跨文化交际能力的培养也不是一朝一夕能够完成的。这里就以大学英语教学跨文化交际能力定位模式为依据，为实际教学工作中跨文化能力的培养提出几点建议：

（1）利用大学英语教材中的丰富资源，不断完善学生的跨文化知识体系；

（2）利用课堂内外的口语活动，将非语言交际技巧、交际策略融入学生语言交际能力培养的过程；

（3）利用多媒体教学手段和丰富的网络资源，通过案例分析、影视片段赏析等活动，让学生在观察跨文化交际活动的过程中逐步强化跨文化意识；

（4）在阅读与写作教学过程中进行跨文化思维能力的训练，让学生通过了解东西方思维方式的异同，体会在跨文化交际实践中形成跨文化思维的重要意义。

此外，广大大学英语教学工作者应当转变观念、理清思绪、不断提升自己的跨文化交际能力，只有这样，才能出色地完成大学英语教学中培养具备跨文化交际能力人才的任务。

第二章　大学英语教学模式

第一节　大学英语教学自主合作探究模式

为了提高学生学习的主动性与自觉性，以学生为中心的教学理念悄然出现。自 20 世纪 90 年代以来，“以学生为中心”的教育理念在我国部分高校开始流行，大学英语教学受到影响。《大学英语课程教学要求》（2017 年版）指出大学英语教学可采用任务式、合作式、探究式等教学方法，使教学活动实现由“教”向“学”的转变，形成以教师引导和启发、学生积极主动参与为主要特征的教学常态。大学英语教学改革目标之一是培养大学生自主学习英语能力、与同伴有效合作学习英语能力及根据任务探究问题的学习能力，由此自主合作探究型教学模式应运而生。早在二十世纪七八十年代，西方国家就把“自主、合作、探究”作为有效教学的一部分进行了广泛研究。

一、自主合作探究型模式在大学英语教学中的实证研究

笔者就自主合作探究型模式在大学英语教学中的应用进行了为期一学期的实践教学，并通过问卷调查与访谈形式调查自主合作探究型模式对大学英语教学的影响。实验班和对照班是专业一样、英语水平相当的两个教学班，两个班每周均两次英语课，共 12 周，共计 48 学时。在教学过程中对实验班采用自主合作探究教学模式；对照班采取传统英语教学模式，即主要由教师讲授，学生听讲并作笔记。

笔者采用相同的调查问卷对被试进行前测与后测，前测调查被试（对照班和实验班）运用自主、合作、探究式模式的现状，后测检测实验教学后被试（实验班）对自主、合作、探究式教学模式的运用是否发生变化。收集实验班与对照班实践教学前后的英语成绩，前测的测试成绩是被试在参与实验教学前一个学期的英语期末考试成绩，后测的测试成绩是经过一个学期实验教学后的英语期末考试成绩。在实施自主、合作、探究式教学模式后，对实验班的部分学生进行采访，了解他们对于自主、合作、探究式教学模式的感受，以及能否接受这种教学模式。笔者共采访 9 位学生，其中三名英语水平优秀者、三名英语水平中等生和三名英语水平较低的学生。

问卷调查结果表明在自主合作探究教学模式下实验班学生自主、合作、探究英语学习

能力均得到一定程度的提高，对照班变化不大。实验班大部分能根据教师布置的任务和资料自主学习，并充分运用教师提供的材料。更多学生喜欢参与合作学习。因为学生主动有效地参与合作学习，上课气氛活跃不少，学到的内容和知识更丰富，学生认为比传统课堂收获更大。实验班学生大都愿意用探究方式探索出问题答案，在任课教师的指导下，学生能够多渠道、多样化地探索出答案，进一步增强了学生英语学习的动力和主动思考探索问题的能力。通过对对照班和实验班实验后英语成绩进行独立样本 T 检验。结果表明，经过一学期的实验教学，实验班学生自主合作探究学习能力均得到提高且学习英语主动性有所提高。在这种新教学模式下，学生会更注重学习方法和学习效率，对英语学习有更浓厚的兴趣和更强的学习动机，有助于提高英语学习的积极性和英语成绩。

在调查中也发现一些问题，如在访谈中发现：英语水平相对差的学生反映很难有效地进行自主学习，有时教师提供的资料过多以至于不知道如何选择，耗时太长。课堂合作活动中，有些学生只是被动接受任务，甚至有些学生在其他同学合作探究时利用一切机会闲聊，并没有完成合作任务。在探究学习中部分学生提到不想自己动脑，不会独立思考，认为探究不出有价值的知识，只会照抄照搬课本，探究对他们来说意义不大。

二、影响自主合作探究型大学英语教学模式实施的因素

研究表明，自主合作探究型模式能够有效促进英语教学，但在自主合作探究型课堂教学模式实施过程中存在一些问题。

（一）环境因素

影响英语学习的环境因素包括物理环境、社会环境与课堂环境等。物理环境是指与教学相关的物质条件，随着信息技术的高速发展及信息技术在教育领域的推进，多媒体教学、数字化教学、互联网 + 教学等为英语教学带来极大的便利，大数据为英语教学提供了丰富多彩的音频、视频等资源，为英语教学创设了语言情境。但是，要从众多网络资源中挑选最合适的资源给学生自主学习是一大挑战，同时网络资源虽丰富但高质量的资源并不多见。有些资源内容与主题不同却采用了相同的教学设计，缺乏灵活性，难以因材施教。社会环境是指与他人之间的关系，外语学习的社会环境包括整个社会环境对外语学习的重视与支持、父母的支持、同伴的支持及教师的支持。虽然英语学习在我国受重视程度不断提高，英语广播、英语网络资源、英语电视节目不断增加，但是一走出英语课堂，学生日常交流基本用中文，很少用英语交流，缺乏英语学习与交流的生态情境。英语课堂能为学生营造良好的英语学习环境，但部分学生只是为了应付四六级、课程期末考试等，在课堂上只是被动地听课，很难真正参与到自主合作探究的教学模式中。

（二）教师因素

在自主合作探究大学英语教学模式实施中，教师作为组织者和实施者影响着教学模式的有效实施。课前给学生相关资料与问题引导学生自主学习，课堂上通过合作学习模式，

培养学生的英语探究学习能力。因此，问题是自主合作探究的核心，怎样设计问题及设计什么问题，对自主合作探究模式的有效实施至关重要。但在实际教学中，教师往往未能正确把握问题的预设，导致自主合作探究教学模式大打折扣。在课堂的合作与探究环节，虽然确实组织开展了合作与探究，但有时担心教学任务无法完成，学生合作探究的时间非常有限，有些小组成员还未表达自己的观点就被叫停了，学生的英语口语未能得到很好的训练。在至关重要的评价环节，教师有时因为自身知识储备不充足或未能控制好课堂，对学生合作与探究的任务完成情况及效果避重就轻，未能做出合理科学的评价。

（三）学生因素

作为参与者和主体，学生在自主合作探究大学英语教学模式实施过程中起着举足轻重的作用，但在自主、合作、探究等环节未能按要求完成任务，导致新型教学模式未能达到预期的效果。自主学习是有效合作与探究的前提与基础，但学生尤其是自觉性较差的学生未能完成预习任务，未能达到合作与探究的预期效果。在课堂合作学习过程中，部分学生未能实际参与合作与探究，更有甚者抓住一切机会闲聊。合作学习本意是促进优等生与后进生之间互帮互助，实现双赢，实际课堂合作探究活动效果却不尽如人意，合作探究的意义与价值难以实现。

诸如语言学习动机、学习信念、自我学习效能感等认知因素会影响学习者外语学习方式的选择与效果。有学者指出，环境因素会通过影响个体认知系统，从而对个体行为产生影响，因此外语学习的环境会通过学习者的认知系统影响外语学习方式的选择及效果。如学习动机强的学生有明确的外语学习目标，在外语学习中会尽一切努力实现目标，对于新型教学模式也能很好地适应和参与。与此相反，外语学习动机弱的学习者不管运用什么样的教学模式，参与积极性都很难提高，顺利完成教师布置的任务更无从谈起。

三、自主合作探究型大学英语教学模式的应对策略

（一）教师角度

首先，为自主合作探究大学英语教学模式有效实施，教师要做好充分的课前准备。古人云:“凡事预则立，不预则废。”大量实践教学表明，教师备课情况和课堂教学效果呈正比，唯有充分的课前准备才能达到预定的教学效果。其次，教师要充分发挥在实施自主合作探究型课堂教学模式中的主导作用。自主合作探究型课堂教学模式不是让学生进行“放羊式”的学习，相反这种模式对教师的能力提出了更高层次的要求。教师要吃透文本，明确教学目标，掌握学情，对课堂的掌控要驾轻就熟。教师要清楚了解学生思考探索问题时可能遇到的困惑与问题，这就要求教师在课堂教学和课堂管理过程中准确把握学情。教师还需要不断提高业务水平，有足够的知识储备，只有这样才能实现有效的引导。再次，教师要建立科学合理的外语教学评价机制。自主合作探究大学英语教学模式的学习评价应将形成性评价与终结性评价有机结合进行，既不能忽视学生学习的过程和发展，又要关注学生掌握

知识和技能的提升程度，不仅仅通过学生的最终成绩来评定学生学习情况，还要考虑学生平时参与自主合作探究型模式学习的积极性与效果，使学生的自主学习、合作探究能力得到真正的提高。最后，教师要做好教学反思，提高修养。教学是一项需要理论与实践相结合的活动，一种新型教学模式的实施只有在遇到困难时不断反思与实践，教师才能获知该模式是否适合教改与时代要求，才能实现自我价值。教师还要提高自身修养。“以身作则，为人师表”，教师的一言一行都会影响学生的言行，影响学生对教师所教课程的学习态度与课堂参与积极性。

（二）学生角度

学生首先应重视培养自主学习能力。只有按照教师的要求自主学习材料，学生才有信心与能力积极参与并完成课堂合作与探究任务，合作与探究学习才能落到实处。其次，主动参与课堂合作活动，积极探究问题。大学英语教学改革提出学生是课堂的主体，由此学生应积极主动参与课堂合作活动，按时完成给定的任务，避免出现“搭顺风车”现象。当然，在训练口语运用能力的同时，也要善于倾听，倾听组员与教师的表达与想法。只有实实在在地参与合作学习，才能体会到合作的乐趣与探究问题的成就感，提高合作、探究、沟通能力。再次，学生应增强英语学习动机、学习信念、自我学习效能感等个体认知因素，合理选择、优化英语学习策略，从被动学习英语逐渐变成主动学习英语。

自主合作探究模式能有效促进大学英语教学，激发学生学习英语的动机和兴趣，但在具体实施过程中存在一定的问题。在自主合作探究模式下，有些学生表面上积极展开讨论、合作与探究，但却在抓住一切机会闲聊，英语课堂合作探究学习反而为学生违反纪律创造机会。构建有效的自主合作探究教学模式绝非一朝一夕所能达到的，只有学校、教师和学生不断努力和相互配合，寻找出科学合理的应对策略，才能有效培养学生的自主、合作、探究等英语学习能力。

第二节　成果导向教育视阈下的大学英语教学模式

随着经济全球化和信息化时代的到来，世界各国的交往日益密切，而英语作为世界通用语，在国际交流间发挥的重要作用，使得越来越多的人开始注重英语的学习。当前我们正处于信息快速更新的时代，为了适应时代要求，我们必须不断创新，英语教育也不例外。成果导向教育是工程教育专业认证的三大基本理念之一，它以“人人都能学会”为前提，以学生为中心、成果为导向设计教学。运用该教学理念模式指导我国大学英语教学改革有着积极的意义。

一、我国大学英语教学模式现状

当前我国大学英语教学模式的一大特点是“教大于学”，教师主导英语课堂，学生被动地学习知识。这种教学模式没有考虑学生的实际需求，忽视了学生的主体地位。我国当前大学英语教学主要有以下特点：

（1）以学习语言知识为主。在大学英语教学中，教师在语言表达形式的讲解与练习上投入大量时间，而对学生口语表达能力却有所忽视。在这种教学模式下，虽然学生形成了较为扎实的语言基础，但是却无法将这些知识应用于实际表达以及写作上，有的学生甚至无法用英语进行简单的对话交流。

（2）忽视学生主体作用。长期以来，大学英语教学主要是：教师认真备课、讲课，课后对学生的英语作业进行批改；学生在课堂上被动地接受英语语言知识；课后完成教师要求的作业。课堂教学由教师主导，而作为学习主体的学生却没有得到应有的重视，这导致了“哑巴英语”这一现象的普遍存在。

（3）教师统一教学。在应试教育的背景下，教师在课堂上进行单向的、统一的知识讲授。教师带领学生朗读英语单词，分析文章结构，并对其中的语法知识进行讲解，课后布置作业。这种基于行为主义的教学模式使教师无法动态监测学生学习过程，对学生英语知识的实际掌握情况并不了解，容易忽视学生的个体差异，造成学生英语成绩以及英语水平参差不齐。

（4）以成绩作为评价标准。传统的大学英语教学主要以学生的期末考试成绩和平时考核成绩为标准来评价教师的教学质量和学生的学习程度。英语成绩这一单一的评价标准没有充分考虑学生个体的实际差异，也无法准确评估学生的实际运用能力，不利于培养学生学习英语的自信心和热情。成果导向教育强调提前预期学生的学习成果、目标达成方式以及个性化的评价。因此，在一定程度上可以弥补传统大学英语教学的不足。

二、成果导向教学模式

成果导向教学关注四个问题：（1）学生在教学过程结束后应达成哪些学习目标；（2）学生为什么要达成这些学习目标；（3）如何有效地帮助学生达成这些学习目标；（4）如何判断学生是否达成了这些学习目标。它清晰地聚焦在组织教育系统，确保学生获得在未来生活中取得实质性成功的经验，这就从本质上将其与传统的应试教育区别开来。

基于成果导向教育理念的教学，教学课程与教学活动要以学生在毕业时应达成的预期产出能力指标为导向来进行设计，以此确保学生毕业后获得“未来走向成功的经验”。因此，教学设计和教学实施所要达成的目标是学生在学习过程结束后所取得的学习成果。这就要求教师在开展教学活动时要以学生为中心，从学生应取得的成果出发，明确学生要学到的是什么；教师要设计真实有效、学生可达成的评估任务，同时确保所做出的评价能帮助学生发现其不足之处。在成果导向教学模式中，课堂教学不再由教师主导，而是一种师生共同参与，相互交流的教学活动。学生在接受知识的同时，通过与教师的对话交流主动构建知识体系。同样，教师在教授知识时也能通过课堂实践不断学习新的教学技巧，提高教学技能，师生之间既相互依赖，又相互促进。这就要求教学紧紧围绕成果导向，打破传统教学模式中学生一味被动地接受知识的现状，在师生之间形成一个双元平衡体系。

成果导向教学模式在传统的“教师主导”“知识体系导向”范式教学基础上进行突破，强调“以学生为中心”“重视学生的主体地位”，实现教学由“内容为本”向“学生为本”的根本转变。近些年，国内外众多专家、学者尝试用成果导向教育理念指导教学模式和课堂教学改革，但在具体的英语学科教学方面研究较少。

三、成果导向教育理念下大学英语教学模式构想

我国当前的大学英语教学主要以学生通过大学英语四、六级考试为目标，这种基于英语语言基础知识的教学致使很多学生并未具有英语的实际运用能力，偏离了国家高等教育的人才培养目标。基于此种情况，拟构建以成果导向教育理念为指导，以培养学生英语综合能力为目标，关注学生主体地位，实施动态教学和以能力评估为主体的大学英语教学模式。

（一）成果导向教育理念下教学模式的分析

1. 注重培养综合能力

与传统的大学英语教学模式不同，成果导向教育理念下的大学英语教学以学生取得的学习成果——英语综合能力为目标，关注学生的英语语言知识、英语综合技能和跨文化交际能力。在该教学模式中，教师从学生的英语表达形式和功能两方面设计教学，引导学生主动学习英语语言知识；同时在教学过程中搭建相关主题情境，锻炼学生听、说、读、写、译五项技能，全面提升学生的英语综合能力。

2. 重视学生主体地位

从学生的预期英语学习成果以及学生未来的职业需求出发逆向设计教学，明确学生应学习哪些英语知识与能力、怎样去实践这些英语知识与能力。从学生的内、外部需求出发，积极创设学生参与式的英语课堂，根据学生参与英语学习活动程度，适时调整学习内容，使他们在学习英语知识的同时进行实践练习。使学生融入课堂教学并积极主动构建英语知识，加强学生的主体地位。

3. 实现动态灵活教学

相对于传统英语教学模式下教师对学生的单向知识输出，全班统一教学的情况，成果导向教育理念下的大学英语教学过程更加灵活、动态化。教师基于学生的“最近发展区”来安排英语教学内容，学生可以根据实际情况选择符合自己英语水平和能力的教学内容。同时，教师在日常口语交际情境及课后任务的完成情况中对学生的英语学习情况进行动态

监控，对学生的薄弱环节给予及时反馈并强化练习。

4. 以能力作为评估主体

成果导向教育教学模式的目的在于确保所有的学生在离开英语教育时能够拥有今后走向“成功”所需要的知识和能力，但并不要求他们在同一时间、用相同的方式达成。因此，学生的英语成绩能否通过大学英语等级考试将不再作为教学评价的唯一标准和教学的主要目标。教师要在单元教学、阶段教学、学期教学结束后，根据学生的预期学习目标设计相应测试。应用形成性评价和总结性评价相结合的方法来评估学生的实际英语综合能力，并通过及时反馈促进学生英语知识的掌握、英语口语的熟练运用，帮助学生达成预期能力指标。

（二）成果导向教育理念下教学模式的实施

成果导向教学理念下大学英语教学模式的实施要从转变教育观念、规划教学环节、优化英语课堂教学以及进行个性化评价四个方面着手。

1. 转变教育观念

这涉及教师、学生以及教育管理部门三个方面。教师要逐步减少对课堂的掌控，积极引导学生参与英语学习情境，构建师生共同参与式课堂；以学生的英语实际水平和英语综合能力指标为依据制定英语教学目标，反向设计英语教学内容。对于英语学习主体的学生而言，要转变把英语考试成绩、学习英语学科知识作为首要任务的观点，改变一味地接收教师讲授知识的学习方式，而要在课堂上积极参与教师组织的交际情境，逐步养成自主学习英语的习惯。同时，学校教育管理部门也要支持引导和鼓励运用这一模式。

2. 规划教学模式中的各个环节

规划好成果导向教学模式规定的各个环节，即定义学习产出、实现学习产出、评估学习产出和使用学习产出。教师在分析学生英语学习需求的基础上预期学习产出，以此制定教学目标，设计灵活多样的英语教学活动。在课堂教学中充分调动学生积极性，帮助学生有效掌握英语知识，鼓励学生在实际生活中运用所学的知识解决实际问题；制定评价标准，检测学生是否在生活情境中运用了课堂上学到的英语知识。

3. 优化大学英语课堂教学

成果导向教学模式下的课堂教学至少要实现从灌输向对话、从封闭向开放、从知识向能力、从重学轻思向学思结合、从重教轻学向教主于学等五个转变。英语教学不再是单向的知识灌输，而要在预期学生最终将取得的“英语学习成果”的基础上，关注学生听、说、读、写、译综合能力的培养与实践。依据英语知识目标和综合能力指标反向设计英语教学，根据课堂反馈结果不断调整教学进程，优化教学方法，最终实现英语教学目标。

4. 开展个性化评价

教师依据学生毕业时应达成的英语学科要求，制定不同的能力指标；学生根据自己的实际英语水平，设定不同的阶段性目标；通过课堂教学和实践应用检验学生的英语学习成果，依据阶段目标和能力指标的达成度对学生进行评估。由于学生个体间存在差异，所以对于不同能力、不同水平的学生，他们的目标达成情况并不相同，因此教师要结合学生实际实施个性化评价。

（三）成果导向教育理念下教学模式的意义

成果导向教育理念指导下大学英语教学模式的构想将对我国英语教学改革与发展、教师技能的提升以及学生综合能力的培养产生积极作用。

1. 提高英语教学质量，优化英语教学结构

在成果导向教育理念下的大学英语教学模式，通过评估学生英语学习成果，管理者可以及时掌握学生的学习情况，根据实际教学情况及时调整阶段性教学目标，进行师资培训，从而优化英语教学结构，提高英语教学质量。

2. 提升英语教师专业能力及教学技能

成果导向教育理念下的大学英语教学以阶段性的英语知识目标和综合能力指标为指引，教师需要根据不同目标选择适合学生需要的教学内容，采取灵活多样的教学方法帮助学生达成目标，促进教师不断完善自身英语专业知识体系，并在实践中优化英语教学技能。

3. 促进学生个性化发展，培养英语综合能力

在成果导向教育理念下的大学英语教学模式中，每个学生都有明确的英语阶段性目标，为达成目标学生可以充分利用各种资源，参与不同类型的英语教育活动。教师不再以学生对知识、语法的记忆情况进行评价，而是根据目标达成情况对学生进行考核。这有利于学生的个性化发展，提高其英语综合能力。

第三节　应用语言学指导下的大学英语教学模式

应用语言学是当代教育中重要学科之一。应用语言学与语言类学科具有的紧密性使我国教育者注意到其与英语教学之间的相容性，开始对应用语言学与英语教学融合问题开展讨论，并取得一定的教育成效。然而，由于应用语言学科知识内容较为广泛，因此当前应用语言学与英语教学融合的研究成果不多。为了能够更好地发挥应用语言学在大学英语教学中的作用，对应用语言学进行深入研究工作是必要的。

一、应用语言学概述

应用语言学是一门综合性较强的学科，研究范围不仅包括较多的语言本身的知识与理论，同时还包括对语言社会因素与使用环境的研究。应用语言学作为语言学习的基础，是学生应该掌握的根本性知识内容，其内容体现在以下几方面：其一，应用语言学是一种探索性的学科知识内容，能够形成相对应的研究活动，应用语言学研究成果能够与其他语言

类学科进行相容；其二，应用语言学的特性决定其研究成果，能够运用到人类活动领域中；其三，虽然应用语言学知识是语言类学科的重要组成部分，其他学科同样也能够对应用语言学起到非常大的助力作用；其四，应用语言学的研究目标，是解决语言类学科相关的问题，完善语言类学科的相关活动。

二、应用语言学在大学英语教学中的作用

（一）教学模式的改善

从语言类学科分析，大学英语学习的重点应该是英语口语交际能力，这是根据应用语言学的分析得出的结论。然而，在以往大学英语课堂教学中，教师较为注重英语理论知识的教授，将英语知识内容局限于英语教材中，强调对英语单词、语法、句型的理解与记忆，使学生的口语能力得不到有效锻炼。长此以往，学生虽然具有较为丰富的理论知识，但羞于开口说英语，在开口说英语环节中总是表现不足。因此，大学英语教学将应用语言学融入教材体系，丰富大学英语教材内容，创新教师的教学模式，使学生能够更好地学习英语知识，并且应用语言学提倡培养学生英语口语能力，从而使学生能够全方位发展。大学英语教师可以根据应用语言学融入教材的知识内容，采取多元化教学模式，为学生授课，进而提升学生的英语口语能力。

（二）教学误区的分析

当前，大学英语教学行为还是存在认知误区，这些认知误区能够影响到学生的学习方向。例如，在大学英语课堂教学中，教师较为注重对英语语法知识内容的讲解，很少根据知识内容为学生创设真实的英语交流空间，从而导致学生英语口语能力低下。此外，一些教师将英语教学的重点，集中在学生对英语知识的理解与记忆方面，但英语语法知识较为抽象，一味让学生去分析与记忆，只会使学生焦头烂额。长此以往，一些学生对英语知识的学习形成厌倦，从而使学生对学习英语知识兴趣不高。其实大学英语学科教育的目的，是让学生更好地运用英语知识，表述自身的想法，从而培养学生英语口语交际能力。因此，将应用语言学运用到大学英语课堂教学中，能解决这一教学现状，而教师也应该改变以往单一的授课模式，根据英语知识内容，为学生创造真实的口语交际环境，让学生勇敢说英语，激发学生参与活动的积极性，从而提升大学英语课堂教学质量。

三、应用语言学的大学英语教学模式的改革途径

（一）加强教师对应用语言学的认识

课堂教学是教师学生授课与学习的主要阵地，只有教师教得好，学生才能够学习到全面、有效的知识内容。因此，教师作为大学英语教学的组织者与引导者，应该对应用语言学具有一定的了解，这样才能更好地为学生授课，才能提升大学英语课堂教学质量。将应

用语言学渗透到大学英语教学中，首先应该对教师授课模式与教育理念进行全方面优化，因为一些大学英语教师受到以往教育理念与教学模式的影响，很难适应应用语言学教学模式与教育理念。教师普遍认为英语单词与语法是学生学习英语的基础，同时也是学生学习英语的根本性知识内容。而将应用语言学运用到英语教学，这一理论观点是近些年才推出的，一些教师难免会对其应用不适应。因此，大学应该加强教师培训，向教师宣传应用语言学理论在英语教学的优势，提高教师对应用语言学的认识，使其能够积极主动地将应用语言学运用到大学英语教学中。学校通过加强教师对应用语言学的学习，促进教师更好地运用应用语言学，创新教育理念与教学模式。以英语情感教育为导向，使学生能够积极主动地融入课堂教学中，从而提高学生学习英语知识的积极性与主动性。

（二）开展英语输出教学

当前，大学英语教学，较为注重学生的阅读能力与听力练习等训练，这些英语教学内容属于对学生英语输入层次面的教学，大都是学生如何学习英语语言的教学。然而，对学生运用英语语言交际等英语输出层面的教育却很少，同时英语输出教学也是现代大学英语教学的短板。应用语言学理论不仅强调在教学中要培养学生的听力与阅读能力，同时还强调在教学中要为学生提供真实的教学情境，激发学生说英语的兴趣，使学生能够在与他人互动交流中，有效地掌握英语知识，进而提高学生的英语口语能力。随着社会经济的发展，社会企业对人才的需求标准也在不断地提高，要求学生不仅要具有丰富的英语知识理论，同时还应成为复合型人才，听、说、读、写能力完备，能够与他人进行良好的交流与沟通。因此，在大学英语课堂教学中，教师应该结合社会企业对人才的需求标准，将应用语言学运用到英语教学，弥补以往英语教学的短板；以培养学生英语口语能力为导向，为学生开展英语输出教学活动，提升学生英语听、说、读、写等能力，从而培养学生的英语素养。大学英语教师可以运用情境教学法为学生授课，根据英语知识内容，为学生创设一个真实的英语交流空间，鼓励学生积极主动地融入情境，让学生在情境教学中通过扮演不同的角色进行交流互动，以此提升学生英语口语能力。

（三）优化教学模式，重视实践能力

将应用语言学运用到大学英语教育，有助于创新教学模式，优化授课方式，能够为学生提供更好的英语教学环境，从而提高学生的英语知识水平。其一，在大学英语课堂教学中，教师应以学生为主体，以引导者与组织者的角色，深入了解学生，根据学生实际，整合英语知识，为学生选择适合的教学模式，从而促进英语教学活动开展。例如，基于英语口语的教学模式与以往听、说、读、写的教学模式不同的特性，教师在授课时应采取与以往不同的教学模式，突出教学重点，提高学生英语口语能力；其二，在大学英语课堂教学中，教师应根据学生的学习需求，采取分层教学模式，结合学生学习的差异性，强化英语学习的薄弱环节，从而使学生能够在分层教学模式中取得相同的进步；其三，在大学英语课堂教学中，教师应与时俱进，有效地运用现代化教学工具进行教学，将应用语言学的内

容变得更加形象、生动，让学生更好地理解掌握知识内容。此外，在大学英语课堂教学中，应用语言学应该以实践教学为导向，培养学生英语知识运用能力。教师可以根据英语知识内容，为学生组织相关的校园活动，如英语讲座、英语讨论会等，鼓励学生积极主动地参与活动，在提高学生英语应用能力的同时，还能丰富校园生活。

综上所述，应用语言学是一门综合性较强的学科，不仅具有较多的语言本身知识与理论，同时还包括对语言的社会因素与使用环境的研究。因此，在大学英语课堂教学中，教师应该有效地运用应用语言学，改变教师的教学模式与教育理念，以培养学生的英语语言运用能力为导向，提高大学英语课堂教学质量。

第四节　基于跨文化交际的大学英语教学模式

在对大学英语教学模式的探索中，跨文化交际理念已经较为成熟。有很多大学英语教师通过大量的实践经验对其进行调整和完善。但是大学英语教学模式中跨文化交际理念在实际应用中依然很难展现，学生缺乏英语实际交流能力。在这样的形势下，我们有必要积极地探索跨文化交际理论基础，不断找出跨文化交际理论在教学模式中存在的问题和不足，为探索基于跨文化交际的大学英语教学模式打下坚实的基础。

一、跨文化交际的概况

（一）跨文化交际的定义

跨文化交际是指不隶属于同一语言体系的主体，通常以了解彼此文化背景的方式实现更好的交流。

（二）跨文化交际的特点

跨文化交际有以下几个特点：一是跨文化交际的异文化性，也就是说参与跨文化交际的双方没有相同的文化基础；二是跨文化交际的同语言性，也就是说在跨文化交际的过程中，拥有两种不同文化基础的语言者需要使用相同的语言才能沟通，并展开各种文化交际活动；三是跨文化交际的口语性，跨文化交际实际上是实践的过程，是现实应用的体现，这个过程需要进行面对面的交流；四是跨文化交际的直接性，在实际的交际过程中，可以将实际理解用语言表达出来，并进行探讨或者沟通，实现对语言背后深层次含义的理解和掌握。

（三）跨文化交际的重要性

从理论上来讲，语言和文化是相辅相成的。我们学习英语过程就是汉语文化和英语文化之间交流的过程。所以，要学好语言，就要从文化开始学习，以便在切实的交流沟通中能具有准确表达自身意思的口语表达能力。从细节方面来说，培养学生英语跨文化交际能力有以下几方面的意义：一是用跨文化交际的方式进行英语教学探索，有利于学生表达能力的提高、人文素养的提升以及自身文化底蕴的沉淀，对于实现其在实际交际中的良好表现起着积极的作用；二是积极踊跃地尝试以跨文化交际的方式开展英语教学，可以为我国大学英语教育的改革夯实基础，有利于我国大学英语教育改革事业的发展，是由应试教育向素质教育转变的有效途径；三是应用跨文化交际大学英语教学模式，有利于英语人才的全面培养，对处理涉外事件方面能力的提高有很大的帮助。

二、现阶段跨文化交际大学英语教学模式探索所存在的问题

（一）跨文化交际价值观的缺乏

虽然在理论上文化和语言之间有着相辅相成的关系，但在实际的英语教学中出现了严重的失衡状况，过于偏重语言的学习，而忽视文化，导致学生在实际语言应用中难以表达出自身所要表达的含义。具体表现有以下几点：一是在理论教育的环境下，英语学习以授课为主，授课的方式方法单一，很少涉及与英语文化相关的事；二是教学过程中缺少实际的应用方向，教学的目的只为了体现在试卷或者问答中，严重缺少穿插在语言中的文化所带来的深刻含义；三是语言应用缺少灵活性，多以标准答案和惯用语法显示教学理念，使学生很难以全面深刻的方式理解语言的意义。

（二）跨文化交际教学经验的不足

学习英语归根结底就是对外国文化学习和探索的过程，如果教师具备一定的跨文化交际经验，并且可以将自身体会的文化内涵用易懂的方式传授给学生，这样就能促进学生实现跨文化交际能力的提升。但实际上，很多高校缺乏有这样经验的教师。因此，目前的英语教学严重缺乏跨文化交际的实际经验。

（三）跨文化交际教学体系不健全

我国跨文化交际教育理论相对国外的研究来说，起步较晚，发展速度相对较慢。我国的跨文化交际理论研究始于 20 世纪 80 年代，相关学者和专家在实际中对跨文化交际教学工作的经验还较少。从某种意义上来说，由于我国跨文化交际理论研究体系的不健全，导致我国跨文化交际意识匮乏，使我国跨文化交际英语教学模式缺乏有效的引导。跨文化交际理论和实践相脱节是造成大学英语教学跨文化交际教学意识形成的最大阻碍。

（四）跨文化交际教学实践培训缺乏

在跨文化交际大学英语教学模式的探索中，切实掌握文化规律是教师必须具备的基本技能。注重参与跨文化交际教学实践培训活动，主动积极地接受跨文化交际教学技能，是各大学英语教师不断提高跨文化交际教学质量的有效途径。但是实际上很多大学英语教师都缺乏跨文化交际教学实践培训，接触跨文化交际教学理论和实践较少。在这种情况下要

求教师进行跨文化交际大学英语教学模式的探索，大部分教师势必手忙脚乱，不知所措，所以这项工作也失去了实际意义。

三、基于跨文化交际的大学英语教学模式的探索

（一）建立健全跨文化交际能力培养认知体系

健全的跨文化交际能力培养认知体系，主要涉及教学理念、教学目标以及教学原则等内容。我们可以从以下几点入手：一是树立正确的教学观念，通过更新教学理念、明确教学思路来促进跨文化交际教学工作的开展，通过提升教师队伍对跨文化交际的认知能力，充分调动教师对跨文化交际教育工作的积极性，使其积极投身跨文化交际教育工作，探索跨文化交际英语教学模式。二是确定正确的教育方向，是以培养跨文化交际能力作为英语人才培养的目标，使其能够切实地发挥英语的社会功能，跟上社会对于英语教育要求的步伐，以调整和改善教学目标。三是找寻正确的教育体系关系，教育体系中的各个主体之间的关系，主要涉及本土文化和英语文化，英语的功能性和英语的文化性，语言文化教学和语言基础教学等。合理地处理它们的关系，使其共同致力于跨文化交际的实际应用显得尤为重要。四是搭建坚实的教学基础，以大学英语跨文化的教学特点为基础，循序渐进，倡导体验式教学，因材施教，将其作为贯穿整个跨文化大学英语教学工作的重点。

（二）扩大教师资源，优化教师任职资格

根据目前大学跨文化师资力量薄弱的现状，我们应将扩充教师资源、优化教师任职资格机构，使其作为跨文化交际大学英语教学模式探索的突破口。采取积极有效措施，需要做好以下几点：一是严格高校教师的招聘和选拔，给予拥有跨文化教育经验、留学经验以及有国外生活和贸易经验的教师一定的优先条件；二是教师培训，积极将跨文化理论发展纳入培训内容之中，实现教师结构的整体优化；三是适当增加聘请外教和外教课程比重，让教师和学生都能在此过程中汲取经验，成为跨文化交际大学英语教学模式探索中一个有利的突破口。

（三）加大跨文化交际的大学英语教学模式的理论研究力度

我国跨文化交际的大学英语教学模式研究落后于其他国家，所以需加大开展理论探讨的力度，以填补我国这方面研究的空白。主要涉及以下几点：一是设立相对应的跨文化交际的大学英语教学模式研究项目，组建专业研究小组，结合实践经验来完善我国跨文化交际的大学英语教学模式理论体系。二是积极学习国外先进经验，及时归纳总结，探索符合我国国情的高校英语教学模式。三是扩大跨文化交际的大学英语教学模式的现实应用，积极了解人才市场对人才需求的实际情况，并及时总结经验，为健全教学模式打下坚实的基础。

（四）扩大学生参与跨文化交际大学英语教学模式探索的范围

学生作为教学过程中不可或缺的重要组成部分，是教学的主体，因此要积极地鼓励学生参与跨文化交际大学英语教学模式探索。我们可以通过以下几个方面来完成：一是通过各种渠道增加学生与跨文化媒体的接触面，为学生提供良好的学习环境；二是将情感教育通过文化作品、文化情景以及文化产品的方式融入跨文化交际的大学英语教学过程中，积极培养学生对跨文化交际的兴趣，将其转化为学生自主接纳跨文化交际的大学英语教学模式的动力；三是积极培养学生自主学习能力，利用课外探索、趣味游戏等方法养成学生跨文化交际的学习习惯，为开展跨文化教学工作打下坚实的基础。

综上所述，基于跨文化交际的大学英语教学模式的探索，将在提升学生文化意识、语言能力以及综合素质方面发挥积极的作用。我们必须积极有效地开展各个方面的工作，以促进跨文化交际的大学英语教学模式的完善，随着跨文化交际的大学英语教学模式在各大学有效开展，基于跨文化交际的大学英语教学模式探索必将对大学英语教学效果的提升起到重要作用。

第五节　智能手机辅助的大学英语教学模式

当今社会突飞猛进的发展对大学生的英语综合能力提出了更高的要求。由于智能手机具有泛在性、及时性、交互性和多媒体性等功能，颠覆了传统的教学模式。近年来，智能手机在高校大学生中日益平民化，这为大学英语学习提供了新的平台。将智能手机和大学英语教学更好的结合，为大学生创造更加优越的英语学习环境，势必具有划时代的意义。因此，本节提出了智能手机辅助大学英语教学这一设想，其目的是建构一种不同于传统的大学英语教学模式，使学生能够随时随地学习，进一步加强对英语综合能力和自主学习能力的培养。本节以大学英语教学为例，通过在大学英语课堂教学中使用智能手机在课前预习、课中教学和课后学生自主学习的实践，证明智能手机在大学英语教学中的必要性和可行性。

在互联网时代，智能手机在大学生中逐渐普及，使大学英语教学产生了翻天覆地的变化。在传统的大学英语课堂，学生是低效和被动的学习，智能手机的出现颠覆了这种传统的教学模式。此外，大学英语课堂上存在的普遍“低头族”和“沉默”的现象要求我们必须改变这种现状。本研究目的在于通过引导学生把智能手机应用到大学英语自主学习中，“将智能手机的消极功能转变为积极的学习工具，让学生掌握一定的自主学习方法、养成良好的学习习惯。”随着互联网的普及，智能手机的应用涉及各个领域，功能越来越多，应用的软件也越来越高级。智能手机正在改变着人们的生活方式、价值观念和思想观念，从而也将改变我们传统的大学英语教学模式。

因此，目前大学英语教学急需一种正确、积极的课堂教学模式来应用智能手机，正确地引导学生合理使用手机，丰富大学英语课堂教学，促进学生积极思考，加强师生之间的情感交流。本节正是探讨智能手机在大学英语课堂上的积极应用，从而提高教师对智能手机在课堂上的应用的重视，建立一个合理积极的智能手机应用模式。

一、智能手机催生大学英语教学

5G网络的普及和Wi-Fi的快速发展推动了智能手机普及。智能手机具有携带方便、网速快、功能齐全等特点。我们与人交往、学习、娱乐以及购物等都离不开智能手机。它影响着我们生活的各个方面，并且正在改变着我们的生活方式以及我们的世界观。因此，大学英语教师也应考虑智能手机在大学英语课堂中的应用。“大学英语教师应该抓住这一契机，将其大胆的应用到大学英语课堂中，为大学英语课堂注入新鲜血液，激发学生的学习动机和兴趣，提高大学英语教学质量，实现大学英语教学的目标。”

二、智能手机参与教学的必然性

以教师为主，学生为辅的传统的大学英语课堂教学模式已不能满足当今时代发展的需要。在这种以教师讲授为主的课堂中，无法培养学生的独立思考能力。“在这种死板单调的教学模式中，学生只能死记硬背，不能在日常生活中进行灵活运用。学生长期处于一种被灌输的状态中，失去了创造力和想象力，学生的学习毫无兴趣可言。”

然而，在数字化的今天，智能手机成为交流的主要工具，学生的碎片化学习在整个大学普及。学生可以通过手机观看教师发布的讲座视频，也可以通过手机讨论问题、做作业和参加考试等。“因此，在这种大趋势下，大学英语教师们更愿意利用这种快捷、高效的教学模式。只要我们在大学英语课堂上容许学生利用手机上网，那么传统大学英语教学模式将会走向瓦解，真正的教育变革就会来临。”

三、智能手机参与大学英语教学的可行性

（一）理论依据

《大学英语教学指南》指出，“大学英语教学以英语的实际使用为导向，以培养学生的英语应用能力为重点”，提倡以教师为主导，以学生为主体的教育思想，强调教学遵循外语学习规律，要求教师创设主动学习的环境和条件来引导学生积极主动参与。此教育理念跟布鲁纳的认知学习理论完全吻合，布鲁纳认知学习理论认为，学生的学习需要教师的引导，注重培养学生在学习的主观能动性。学生在学习知识的过程中起到主导作用，教师只是引导学生去发现、思考问题，慢慢地引导学生自己解决问题。建构自己的科学知识结构。学生只有掌握了这些学习方法，才能够融会贯通，举一反三，实现学习的正迁移，从而依

靠自己获取更多的知识。当前的大学英语课堂存在诸多问题，例如，班级人数众多、教学课时量少、教材内容陈旧等。布鲁纳的认知学习理论与智能手机相结合可以解决当前大学英语课堂上所遇到的难题。

（二）智能手机的多功能性

智能手机具有与笔记本电脑相似的功能，甚至比电脑更快捷方便。智能手机里面可以安装学生学习的各种软件工具如微信、QQ 以及各种电子词典等。学生可以在任何时间、任何地点连接网络，随时随地获取目标信息和资料。在课堂上以学生为主，教师为辅的教学模式能够极大地调动学生的主观能动性，活跃课堂气氛，提高学生的学习积极性和兴趣。

“智能手机具有速度快、屏幕清晰、支持在线阅读文本和观看视频文件等优势。与此同时，智能手机还能够下载所需要的视频、图片等，还具有录音、录像等功能。据调查，现在的智能手机是人手一机，因此，智能手机可以成为大学生英语学习的一大优势平台。”

四、智能手机在大学英语课堂上的运用

（一）课前预习

在上课之前，教师可以把学生的学习任务发到班级群里，或者上传到云端。学生可以利用手机随时随地了解学习任务，这样可以培养学生的学习自主性。当前的大学英语课堂教学主要是以听、说、读、写、译为主导。由于受课时量的限制，这几项任务不能全部在课堂上进行。为了提高学习效率，就可以借助智能手机来完成这项教学任务。教师可以把提前录制好的视频等教学资料发到班级群里。例如，听课文、看视频、学单词等一系列教学任务可以提前安排预习，学生在自主学习中若发现自己解决不了的问题，可以在课堂上由教师来解决。这样能够大大地提高学习效率，更好地完成大学英语教学任务。

（二）课堂教学

当今，大学英语课堂上百分之九十五的教师都是使用多媒体课件上课，黑板上基本没有任何板书。但是，由于教师多媒体演示文稿（PPT）翻页过快，导致学生没有时间做笔记。而智能手机的应用可以缓解这一状况，学生可以使用手机拍照功能和录像功能，把 PPT 上的内容拍照、录制，课后可以进行整理，供复习中使用。众所周知，很多学校的大学英语课堂都是上百人，教师不可能让每个学生都有发言的机会。因此，微信和 QQ 的普及，教师可以要把在课堂上讨论的问题放在微信或 QQ 上，学生可以通过微信或 QQ 发表自己的看法，教师也可以随时随地了解学生在学习过程中不懂的问题，并给予即时回复。因此，智能手机可以大大地提高大学英语课堂效率。

（三）课后复习

智能手机的使用，除了能够及时复习课堂上所学的知识外，学生还可以根据自己的爱好关注公众号，来学习自己喜欢的知识。并且还可以利用微信、QQ 的留言方式等随时向

教师咨询自己不懂的问题，提高学习效率。其次，学生不仅可以在课堂上学习知识，而且通过使用智能手机，在课外一样进行学习。学生可以下载自己喜欢的视频、软件等来学习自己需要的知识，这是对课堂学习的有益补充，有助于提高学生的自主学习能力。

五、大学英语课堂上使用智能手机的局限性

智能手机运用于大学英语课堂，虽然有很多益处，但也存在不利的问题。对那些自制能力较弱的学生而言，他们可能会用来娱乐，这样反而会影响学生的正常学习。再者，学生长时间使用手机，会对眼睛造成严重伤害。这些都是需要我们关注并且解决的问题。

智能手机运用于大学英语课堂，对当前大学生而言，机遇与挑战并存。作为一名高校教师，我们应该重视这种先进的教学技术与课堂教学的结合，从学校的实际情况出发，构建以智能手机为依托的，具有划时代意义和可行性的大学英语课堂教学模式。我们要倡导以学生为主，以教师为辅的教学理念，调动学生的主观能动性，培养学生自主学习的能力，为学生终身学习打下坚实的基础。总之，这种新型的教学模式具有很强的生命力和广阔的前景。因此，如何有效地将智能手机运用到教学上，是教师、学者所要研究的重要课题之一。

第六节　多元互动的大学英语教学模式

学生学习英语的最佳时期是大学时代，因为大学毕业之后就要面对就业问题，因此该时期的英语学习至关重要。为此作为教师要注重培养高校学生的英语综合素质，不断地提高学生的语言应用能力，为社会培养有用人才。从当前高校英语人才培养现状可以看出，教师所教出的学生普遍存在共性问题，这一人才培养结果使当前的英语教学模式受到质疑。所以，随着新课改的不断深入，高校英语教学要不断深入进行教学模式的探究创新，充分将多元互动教学这一重要的模式运用于教学活动中，从而优化教学效果，培养学生的英语能力。

一、高校英语教学模式的现状探究

国外的外语教学模式具有多样化的特点，探究的维度十分广泛，其中折中主义的观点受到人们的欢迎。因此，国外的教学活动一般运用的教学模式有课堂讲授型、相互交流型和折中型三种。随着国际化步伐的不断加快，高校英语教学模式也在不断改革创新，逐步向开放性、多元化的方向发展。所以，教师选择教学模式时要注意教学目标的确定，要通过教学激发学生的学习热情，选择适应学生的教学策略，培养学生正确的学习观，使学生能够积极主动地参与到学习中。当今时代由于信息技术的飞速发展，高校英语教师要不断探究教学模式的创新发展，不断促进、完善多元互动教学模式，为学生营造一个开放性学

习氛围，从而不断提高学生的英语能力。

二、不断完善高校英语多元互动教学模式的对策

在高校英语教学中，教师要想充分运用多元互动教学这一重要模式，就要明确其模式运用所必须具备的条件。以下是针对进一步完善高校英语教学多元互动模式的具体对策。

（一）不断提高教师的素养水平，更新教学观念

高校教师在英语教学活动中要充分运用多元互动这一模式，首先要明确自身角色，更新教学观念，不断提高自身素质。为使自身得到创新发展，要在教学引导方面发挥作用。例如，教师要充分运用课余时间，积极参加相关学习活动，不断提高自身教学素养和能力，为多元互动教学模式的充分运用奠定良好的基础。除此之外，教师还要以学生的英语水平现状作为基础，进行教学活动的设计。教师教学经验不断丰富和完善，会使教学活动的设计更具科学性，引导学生积极参与学习，进而不断提高学生英语能力。

（二）不断促进硬件的建设工作，为学生提供学习资源

多元互动教学模式与其他教学模式相比，有其特点和优势，它不仅涉及的范围十分广泛，而且还需要网络的辅助。高校的多元互动教学模式，与网络息息相关，需要得到网络硬件的支持。网络硬件的科学运用，能优化教学效果，进而促进学生更好地学习。高校在不断完善硬件设施的同时，还要积极为学生提供丰富的学习资源。教师要从多个角度进行分析，为学生营造学习氛围，提供具有价值的学习资源，进而提高学生的英语能力，优化学习效果。

（三）要不断加强教师的引导和监督

在运用多元互动这一教学模式中，作为高校教师要在教学活动中起到引导和监督的作用，积极引导学生在课后学习，因此教师设计教学活动时要结合学生实际情况，设计教学情景，以便激发学生的学习热情，同时借助网络的功能，对学生的课后学习进行监督，从而提高学生的学习效果。

（四）不断健全评价反馈体系

在高校英语教学活动中，教学评价这一环节至关重要，该环节能对学生的学习目标和学习效果产生重要影响。过去的传统英语教学活动中，一般采用的评价是终结性评价，将评价重点放在最后的成绩上，而忽视学习的过程，这样的评价具有片面性，不能有效地激发学生的学习兴趣。因此，在多元教学中，教师不但要重视终结性评价，同时还要重视形成性评价，将两者相结合展开评价活动，有助于提高学生的英语素养，促进其英语能力得到提升。

总而言之，在高校英语教学活动中充分运用多元互动教学模式，有助于促进教师更新教学观念，使其得到创新发展，科学设计教学活动，充分呈现这一教学模式的优势。除此

之外，要想提高学生的英语素养，就要为学生提供丰富的学习资源，设计科学的教学活动，从而提升学生的能力。

第七节　基于“微课”的大学英语教学模式

一、微课的概念及特点

我国微课的概念是由广东省佛山市教育家胡铁生于 2011 年提出的，随后很多学者对微课开展一系列研究。笔者认为微课是一种基于构建主义的新型教学形式，是教师以某个点为核心，以视频 (5~10 分钟) 为主要载体，体现教学重点、难点的视频课程。

微课具有以下特点：一是时间短，内容精。微课最长不超过 10 分钟，展现的都是教学核心内容，针对性和个性化突出。二是重点明显，学习效率高。微课在有限的时间内呈现的都是教学重点难点，在人的注意力极限时间内，将重难点内容呈现出来，提高了学生的学习效率。三是资源方便，随时学习。微课突破了时空限制，学生可随时通过移动设备学习。

二、新型教学模式的构建

（一）微课选择和制作原则

网络资源十分丰富，辅助课堂教学的各种微课视频可以从网上直接下载，教师也可以按照自己的实际需求自行制作，但都必须遵循一定的原则。一是微课视频一定突出“微”，长度保持在 5~10 分钟；二是教学目标针对性要强，围绕某个教学要点展开设计，达到辅助课堂教学的目的；三是充分考虑授课对象的知识水平、年龄特点及心理状况；四是微课视频要具备趣味性和动态性，要能引起学生的学习兴趣。

（二）微课在课前、课中、课后教学三环节的应用

“微课辅助，环环相扣”的新型大学英语教学模式是指将微课恰当运用到课前、课中、课后教学三环节中，使其自然衔接，顺利过渡，一气呵成。课前预习是承前启后环节，教师将与课堂教学内容相关的微课布置给学生，让学生自学，并布置相关问题请学生思考，师生都做好准备工作之后就能很快进入课堂教学中。课堂上重点是教师引导下的学生互动学习，这样可以促使学生之间交流观点、激发思维、丰富想象力，从而达到运用英语进行实践的目的。课后复习和总结反思也是进行有效英语教学的重要环节之一，通过继续布置微课视频作业，或让学生动手总结所学内容，或安排具有探究性的课后习题，让学生进行更深层次的思考。

（三）微课对构建新型教学模式的意义

首先，微课的特点与现代大学生的心理特点相吻合，能提高学生学习英语的积极性和主动性。学生能充分利用碎片化时间，在手机或电脑上畅游。其次，新型教学模式对教师提出了更高的要求，尤其是教师的信息技术能力。教师备课过程中需要搜集资料、制作微课视频、设计习题等，无形中提高了教师专业素质和信息素养。最后，信息技术的发展无疑对英语教学是一个巨大的冲击，信息技术与教学的深度融合是实现教学改革的重要途径。

微课是网络社会环境下的产物，是一种全新的教学手段，符合现代大学生特点，有利于提高学生对英语学习的兴趣和主动性；培养学生英语运用的能力，但是更具体化的教学过程仍然有待继续研究。

第八节　基于课堂与网络的大学英语教学模式

随着社会不断发展和信息技术不断进步，通过对教学实践进行总结发现，网络在大学课堂教学中使用得越来越普遍，特别是对英语这种语言学科来说，基于课堂与网络的大学英语教学模式成为很多专家和学者探究的热点问题。

一、合理继承传统教学模式中的优秀部分

在大学英语教学中不断引入网络技术，将网络课程教学与课堂课程教学结合起来，改变过去大学英语教学以教师讲授为主的教学模式，既充分发挥网络教学资源的优势，又重视发挥教师的指导作用，发挥学生在学习过程中的自主学习能力，培养学生自主学习英语的能力，帮助学生学到更多知识。

在网络教学中，教师可以通过网络技术创造更好的学习氛围。首先，要注重调动教师和学生的积极性，特别是在教学过程中要强化学生的主体地位。新的教学模式更加重视教师和学生之间的关系，把学生作为学习的主体，一切教学计划、教学安排都要从学生的角度考虑可行性。网络教学资源和网络技术的不断丰富，教师需要扩充的知识也在不断增多，很多知识的表达更加趋于完善。但考虑到学生的接受能力，教师制定教学计划时要分层次进行，以便学生的学习能力稳步提升。特别要强调发挥教师的积极性、主动性，不能认为基于网络的自主学习就是学生自己学习，也不能认为学生在自主学习过程中不需要教师的相关指导。教师要区分自主学习和自学的区别，在学生自主学习过程中要充分体现教师的引导作用，使学生不断提升学习效率。

要合理继承现有传统模式中的优秀部分。利用现代教育技术改进现有教学模式并不是丢弃原来的教学模式，而是综合多种教学模式的优点，结合学生的实际情况，采用合理的教学模式。现代技术能对某一知识结构进行形象化的阐述问题，能示范标准的语音语调，

能进行人性化辅导，能不厌其烦地进行重复、答问等。而传统教学模式可以在短时间内让学生获得更多的知识，还可以解决学生的问题，这种学生和教师之间面对面交流的授课方式可以使教师更加了解学生，有利于针对每个学生的学习特点和认知能力选择一些比较好的教学模式。

二、使用计算机网络教学的课程

（一）引进新的教学网络体系

网络学习资源丰富，很多人可以通过网络获取教学资源。例如，国家开放大学的国开学习网，一些课程的单元辅导从文字、视频、形考到论坛交流都可以在国开网上进行，兼有知识性、广泛性、指导性、趣味性，可提升整体学习水平，为教师和教师、教师和学生之间搭建了交流平台，可促进教师与学生之间的联系与了解。教师利用网络学习环境，运用网上实时与非实时教学手段为学生答疑解惑。这样的学习方式非常灵活方便，特别适合成人教育，可以合理安排工作与学习时间，可以得到教师的学习辅导。学生和教师的相互理解不断增强之后，学生的学习兴趣和效率会有所提高。引进一些新的教学网络体系丰富教学内容，教师和学生双方都能得到提升，促进学生的综合能力不断提高。

（二）注重教师辅导作用的发挥

在网络教学中，影响学生学习效果的有两个方面：一方面是教师的教学设计和安排是否合理，是否能激发学生的学习热情；另一方面是在线学习到一定学时后，教师应和学生进行面对面交流，包括对学习任务完成情况的检查与评估，即形成性评估的组成部分、对学生学习策略的指导、自主学习能力的培养。面授辅导是很重要的一个环节，是帮助和指导，是鞭策和约束，可以及时帮助学生发现自己的不足，更好地优化自己。

三、提升学生自主学习能力

网络教学环境使“课堂”“无处不在”，学生可以随时随地进行学习。学生掌握好的学习方法，最终形成自主学习能力是至关重要的。教师不仅要传授知识，更重要的是培养学生的自主学习能力，通过下达学习计划，强调阶段性要求和目标，使学生逐步养成学习的自觉性和计划性。通过组织互动交流，学生不断提高英语实际运用能力。通过网络及课堂上的改错、答疑，学生能查找不足，举一反三，不断提升学习能力。

第三章　跨文化交际与英语翻译

“文化”一词已经渗透到了世界的每一个角落。尽管文化一直都是以最平常的方式出现在人类社会中，但其负载的内涵与信息却丰富多彩，值得学者们对其加以关注和研究。另外，学习一门语言是为了更好地进行交际，可能是同文化之间的交际，也可能是跨文化之间的交际。本章就对文化、交际、跨文化交际的基本概念以及跨文化交际与翻译进行探究。

第一节　文化与交际

一、文化

（一）文化的定义与分类

1. 文化的定义

英语中的“culture（文化）”一词来源于拉丁语“cultura”，原意是“耕作、培育、栽培”。之后逐渐演变为人的素质和能力的培养与教化。近代，日本最先将“culture”一词翻译成“文化”。

《牛津简明词典》（*The Concise Oxford Dictionary*）将文化定义为“艺术或其他人类共同的智慧结晶”。该定义是从智力产物的角度来阐释文化内涵，即深度文化，如文学、艺术、政治等。

《美国传统词典》（*American Heritage Dictionary*）指出，“人类文化是通过社会传导的行为方式、艺术、信仰、风俗以及人类工作和思想的所有其他产物的整体。”该定义拓宽了文化的范围，既包括深层次文化，又包括浅层次文化，如风俗、传统、行为、习惯等。此外，英国人类学家爱德华·泰勒（Edward Tylor）在《原始文化》中指出：“文化是一个复杂的综合体，包括知识、艺术、宗教、神话、法律、风俗，以及人类在社会活动里所得一切的能力与习惯。”

美国学者阿尔弗雷德·路易斯·克鲁伯与克莱德·克拉克洪在《文化：关于概念和定义的评述》中总结出 164 条关于文化的定义。他们在总结了这些定义的基础上，提出了自己对文化的定义：文化是“存在于各种内隐和外显的模式之中，借助于符号的运用得以学习与传播，并构成人类群体的特殊成就，这些成就包括他们制造物品的各种具体式样”。文化的基本要素是传统思想观念和价值，其中尤以价值最为重要。该定义几乎涵盖了人类生活的各个方面。

在中国，古老的甲骨文中就已经出现了“文化”一词的含义。当时“文”的原意是指花纹或纹理，如《礼记·乐记》中记载的“五色成文而不乱”，之后它的含义逐渐演变为包括语言文字在内的各种象征符号，并且逐步具象化，包含文物典籍、礼乐制度、文采装饰、人文修养等内容；“化”本义是指生成、造化，如《易·系辞下》的记载“男女构精，万物化生”，继而引申为变化、教化之义。“文”“化”两字最早同时出现于战国末期的《易·贲卦·彖传》：“观乎天文，以察时变；观乎人文，以化成天下。”翻译为现代文是指：“治国者应该积极观察、洞悉并顺应大自然最根本的运行规律，来了解并正确运用时节运转中产生的必然变化的原理；研究人性变化发展的必然规律，施加意识教化的作用来统治管理天下。”现代中国对文化最广泛的定义是：“文化指在人类社会历史发展过程中所创造的物质财富和精神财富的总和。”

广义文化就是所谓的“大文化”，它更强调注重区分人类活动与自然界的核心本质，包含着人类有意识地作用于自然界和人类社会的一切活动及产生的结果。也可以说，文化就是“人造自然”，是人类通过发挥自身主观能动性，把自己的智慧、创造性、感情等人类因素作用于自然界的活动，从而将自然转化为人类所能认知、理解和在一定程度上进行掌控的可利用对象。所以，文化可以被看作是人类的一种特有的生活方式和行为习惯。也可以说，人类社会的一切活动在本质上都是具有文化属性。概括而言，文化就是人类在社会活动中认识自然、改造自然并利用自然，进而实现自身价值观念的过程中的一切物质和精神的积累。例如，文学、艺术、教育、科学、生活方式、饮食习惯、建筑工艺、卫生管理、娱乐方式、婚姻形式、亲属关系、家庭财产分配、劳动管理、生产、道德、风俗习惯、宗教、法律、政治、警察、军队、行为举止、交际礼仪、思维方式、审美情趣、价值观念等。而与此相对，狭义文化的范围明显缩小，它是专指人类活动中在精神方面进行的创造过程和产生的相应成果。例如，道德、风俗和礼仪等内容。

2. 文化的分类

（1）主流文化与亚文化。所谓主流文化，是指一个国家、一个民族或一个语言群体所共享的主流文化特征。在同一个文化体系内部可能存在各种各样的文化部分。以中国的饮食文化为例，其可以细分为粤菜、鲁菜、川菜等。每种菜系均有自己的特点，但是它们又统一在中华美食这一大文化之下。从交际角度看，主流文化是人们日常生活和交际中起主导作用的文化，是同一文化群体共同认可和共同遵循的行为规范、生活方式、交际规则、思维方式和价值观念。中国的主流文化是全中国人民共同遵循的，即使是在对外交往场合中也要求的那些言谈举止和交际规则。

亚文化又称“次文化”或者“副文化”，是指不同社会团体、不同地区、不同职业、不同民族、不同文化层次，甚至不同年龄段的人群特有的文化特征。亚文化既具有主流文化的基本共性，又有其独特的个性。人类的亚文化个性主要体现在言谈举止、行为方式、生活习性、交际规则，甚至思维方式等各方面。例如，青年文化与老年文化之间，男性文化与女性文化之间，城市文化与农村文化之间，甚至不同的专业团体与行业组织之间，均存在不同程度的差异。

（2）外显文化与内隐文化。1952 年，美国学者克鲁伯和克拉克洪提出了外显文化与内隐文化的概念。其中，外显文化与人们的生活息息相关，如衣食住行、社交活动、宗教礼仪、语言交际、文体活动等，它是可以直接感受到的文化现象。相反，内隐文化则是一种肉眼看不到的文化，其与人们的习惯性行为相融合，是在语言行为背后所隐藏的价值体系和思想观念。由于内隐文化的独特性，一些学者提出，如果要真正了解一个民族文化的本质，就要研究该民族的内隐文化。内隐文化的实质即注重探究为什么人会出现各种各样的想法、行动、语言、表现等，而不仅仅是关注具体文化背景下人们的想法、言语行为、实际行动。这就表明，内隐文化侧重的不是行为方式本身，而是决定这种行为方法的内在原因。这种内在原因即人类的思维模式、世界观以及由其衍生出来的认知体系。

（二）文化的特点

概括来说，文化的特征主要有五种：民族性、符号性、兼容性、整合性和传承性。

1. 民族性

就文化的产生和存在来说，文化原本就是民族的。因为人类的文化总体上来看就是由各民族文化共同来构成的，从不同民族的角度出发来分析文化，其自然就具有民族性。民族是一种社会共同体，所以越是古老的社会，其文化的民族性就越明显。斯大林认为："一个民族，一定要有共同的地域、共同的经济、共同的语言及表现共同心理的共同文化。"这里的"共同地域、共同经济、共同语言、共同心理"均属于重要的文化元素。每一个民族都有能够体现本民族特色的文化。

2. 符号性

文化不是与生俱来的，而是在人们不断地习得与传授中积累下来的。以语言为例，语言是文化的构成要素之一，语言的符号性特征最为明显。语言中不同的语音、形态等语言要素体现了符号的任意性特征，如汉语中的"猫"，其英文是"Cat"，法语是"Chat"，德语是"Katze"，俄语是"Koska"。

人本身就是一种"符号的动物"，符号化的思维和符号化的行为是人类生活中最富有代表性的特征。人类创造了文化世界，更为自己创造了一个"符号的宇宙"。在文化创造中，人类不断把对世界的认识、对事物和现象的意义及价值的理解转化为一定的具体可感的形式或行为方式，从而使这些特定的形式或行为方式产生一定的象征意义，构成文化符号，成为人们生活中必须遵循的习俗或法则。人们既创造了这些习俗和法则，同时又必须自觉受这些习俗和法则的制约。人类创造的文化符号可以大体分为两类：语言符号和非语言符号。

（1）语言符号包括口语和书面语。语言符号是由音、义的结合构成的。“音”是语言符号的物质表现形式，“义”是语言符号的内容，只有音和义相结合才能指称现实现象，构成语言的符号。语言符号包括口头语和以书写符号文字形态出现的书面语。文化传承的口语传递是通过一代又一代人的亲身实践或口口相传，即年轻一代通过继承老一辈的文化传统来实现的。书面语言的文化传递是以书面语的形式记录在竹简、羊皮纸或纸张上，由于这些介质易于存放，可以长时间保存，因此今天才得以借助浩如烟海的历史文献或书籍来了解并学习本国文化以及其他国家的文化。

（2）非语言符号。非语言符号是指语言以外的各种信息传达形式，如面部表情、手势、身体动作等，它们都具有特定的文化内涵。而从广义上来说，诸如雕塑、绘画、照片等一些物质文化载体，以及戏剧、电影等也都属于非语言符号，因为它们都以某种方式体现着某种文化内涵。例如，北京的故宫除了众多具有典型中国古代建筑风格和特色的古建筑以外，还存有我国历史上许多朝代留下的大量的文化古籍以及包括珠宝、字画、服饰等在内的浩瀚的文物。它们既是中华民族的宝贵财富，也是代代相传的物质化的中华文化。

3. 兼容性

任何文化都具有兼容性，这是文化得以生存和发展的内驱力。按照文化兼容的程度，可以将文化分为：开放式文化和封闭式文化。这里的“开放”与“封闭”是相对而言的，因为没有完全开放的文化，也没有完全封闭的文化。

人们常常这样形容这两种文化：完全开放的文化就像一滴只看到浩瀚大海的雨水，因为忽略了其自身的文化个性，消除了文化间的良性差异就会逐渐消融在其他文化之中；完全封闭的文化则像一口水井，因为缺乏与其他优秀文化的交流而失去发展更新的源泉，最终只会慢慢枯竭。

4. 整合性

吴为善和严慧仙认为，文化是一个群体行为规则的集合体，可以被理想化地推定可能出现在某一社会或群体的所有成员的行为之中。而由群体历史所衍生及选择的传统观念，特别是世界观、价值观念等文化的核心成分，常被称作“民族性格”“文化实体”。可见，文化是一定区域内的一定文化群体为满足生存需要而创造的一整套生活、行为、思想的模式，是一个由多方面要素综合而成的复杂整体。

所谓文化的整合性，是指一种文化得以自我完善和形成独特面貌的动力。它在保证文化随时间变迁的同时，也可以在一定程度上维持文化的稳定秩序。例如，在中国延续了两千多年的传统文化中，建立在血缘基础上的宗法意识形态，融自然哲学、政治哲学和伦理哲学为一体的“天人合一”世界观，以“经国济世”为目的的实用理性等精神元素，这些作为中国文化的“内核”，始终在中国文化传统的形成中发挥着“整合”作用。同时，其他组成要素互相融合、互相补充、互相渗透，共同发挥着塑造中国的民族特征和民族精神的功能。经过这种整合而形成的中国文化，是一个完全不同于欧美文化的独特模式。

由于不同文化具有不同的文化“内核”，其也会导致在认知模式、价值观念、生活形态上的差异，这些差异在交际过程中也必然会形成文化的碰撞，而跨文化交际中的误会、冲突也正缘于此。如果交际双方均不能理解对方的文化，那么将会与交际预期的产生巨大反差，从而产生令人不满意的结果。

5. 传承性

文化既是可习得的，又是可以传承的。文化可以从一个承担者向另一个承担者转化，也可以由上一代人传承到下一代。布瑞斯林认为，如果某些价值观已存续多年并被认为是社会的核心理念，这些价值观必定会代代相传下去。

文化的传承性使文化变得可积累。在没有文字的社会，人们把自己的经验、知识、信仰、观念传承于下一代主要借助口头形式；后来，则主要通过文字形式传承下去。由于文化的传承，使得任何一个社会的文化都包含了历史的积淀。

（三）中西方文化的渊源

1. 中国传统文化的渊源

中国的传统文化发祥于黄河流域。人们可以在其固定居住地附近从事相关的农耕活动，在历史的不断变迁中最终形成了以农耕为特色的文化风俗体系。中国农耕文化集合了儒家文化和其他文化，有其独特的文化内容和特点，主要包括语言艺术、思想哲学、社会风俗、利益规范等。

在历史发展进程中，中国逐渐形成了“重人伦、轻器物”的政治秩序与自然秩序的学说；“以道德为本位”的反功利主义的价值取向；“重综合、轻分析”的宏观处世原则；“重意会，轻言传”的谦虚和隐讳原则；“崇尚群体意识，强调同一性”的集体合作的团队精神；“追求人与自然的和谐统一”的对立互补原则等。

中国传统的佛教、道教和儒家学说，它们对中国文化的形成与发展产生了巨大影响，是中国文化的主要渊源。

（1）佛教文化。佛教于公元前 6 世纪由乔达摩 · 悉达多所创立，后世称之为“释迦牟尼”。在公元 1 世纪（东汉），佛教由印度传入中国，并且在中国流传的过程中，以其自身文化的特点与优势对中国文化产生着强大的渗透力，充实并丰富了中国文化。同时，佛教由于深受儒家、道家的影响，逐步中国本土化和民族化，成为中国文化的重要组成部分。

在现实生活中，佛教倡导人们要有善意的目的、符合伦理的言行、谨慎处世、感情专一等。

佛教对中国文化影响较大的是善恶因果的道德说教和生命与宇宙之间循环协调关系的哲学思辨关系。

（2）道教文化。道教源于中国，是中国土生土长的宗教。道教最早是由东汉时期的张道陵创立的，至今约有 1900 年的历史。道教的教祖是哲学家和思想家老子，其兴盛于南北朝时期。道教作为中国最具影响力的宗教之一，对中国文化的发展起着巨大作用。

道教认为宇宙存在的最高境界就是天人合一，主张人们在为人处世时要清心寡欲和自然无为。

道教还提倡对立的思辨哲学观，即阴与阳，善与恶，现实与虚无等，使得中国人形成了对立的思辨习惯、中庸的处事策略、向善的人文精神、谦虚的交际原则。这也是道教对中国文化影响最深的地方。

（3）儒家文化。儒家文化起源于春秋时期，其创始人是鲁国教育家、思想家孔子。儒学思想在中国古代哲学中一直处于主流地位，对中国封建社会的思想具有深远影响。

作为儒家学说的重要著作，《论语》中就有很多与社会秩序和社会关系相关的论述，如“己所不欲，勿施于人”“入则孝，出则悌，谨而信，泛爱众，而亲仁。行有余力，则以学文”“父母在，不远游，游必有方”等。这些观点对中国的社会纲常秩序、家族制度的形成与维护，以及礼仪制度和行为规范的形成与发展都产生了重大影响。

总的来说，中国文化在发展中形成了独具特色的价值观，表现为以“仁爱、礼谦、顺从”为核心的道德价值体系，其特点可以总结如下：

①天人合一，顺天应物。中国文化提倡人与自然是和谐存在的一个整体，且自然界中存在的很多不能解释的现象均是天意，人凡事都应顺从天意。

②贵和尚中。中国人倡导“君子和而不同”的理念，追求中庸之道的处世原则和策略。

③家族伦理本位。中国人的家族意识很强，维护整个家族的利益是每个家族个体应追求的目标，同时家族个体也应受制于家族制度和规约。

在中国，人们特别看重言论的力量，提倡在交际中运用含蓄、隐讳的表达方式。这也是中国文化的一大特色。

2. 西方文化的渊源

西方文化属于科学文化，其特点是重物质，轻人伦；价值取向以功利为本位；重分析，轻综合；重概念，忌笼统；强调个人至上，重视特殊的辨识；强调人与自然的对立，人对自然的索取。

西方文化源于两希文化，即希伯来文化与古希腊古罗马文化，基督教文化也对西方道德观念和价值取向产生了较大影响。

（1）希伯来文化。在公元前3000多年，希伯来民族居住在阿拉伯半岛，人们以牧牛和羊为生。随后，希伯来人北迁，到达两河流域，并逐渐发展了苏美尔文化和古巴比伦文化。大概过了1000年以后，希伯来人逐渐离开了两河流域，向北或向西迁移和发展。“希伯来”的字面意思是“从大河那边来的人”。希伯来人在长期的游牧生活中形成了较强的感知世界的能力。他们善于将事物与其功能联系在一起。所以可以将希伯来文化用“实用、公正、道德”来概括。

（2）希腊罗马文化。欧洲大陆的文化起源于古希腊罗马时期。古希腊位于欧洲大陆的东南部，古罗马位于南部，由于平原较少，多山少河，不适合农业的发展，这就使当地人不得不向外开拓经济，发展工商业和海上贸易。在古代，海上贸易面临的最大的一个难题就是安全，人们不得不冒很大的风险从事贸易活动，这种不利的地理因素造就了西方人勇于探险，喜爱尝试新鲜事物，善于创新的性格特点。可以说，古希腊人的这种以海上为主的生存方式使他们形成了平等、民主和崇尚个人主义的思想意识。古希腊的文学、哲学、艺术等都表现了古希腊人对宇宙、自然与人生的理解与思考。随着希腊文明的逐渐衰落，罗马文化在继承希腊文明的基础上得以发展。

（3）基督教文化。基督教源于公元1世纪耶路撒冷，兴盛于欧洲地区。

《圣经》（*Bible*）是基督教的经典。《圣经》作为宗教圣典，是基督教教义的基础，也是基督教信仰的根本。它以小说、历史、诗歌、戏剧、书信等多种体裁，记载了犹太民族、古代地中海地区其他民族的历史、神话、传说、诗歌、民俗、伦理、法律等重要史料，记述了古代信仰，再现了远古生活风情，对西方的社会思想和文化产生了深刻的影响。

基督教作为西方的主要宗教之一，影响了整个欧洲近2000年。它对西方社会文化产生了巨大的、深远的影响，本身也已经成为西方文化的主要组成部分。可以说，基督教是西方文化的核心。

在长期的发展与变革中，西方文化形成了功利性价值体系，这与我国的价值观极为不同。西方文化主要有下面两大特点：

①注重“个体”的概念，讲究“天人相分”，即人与自然是完全对立的，应该分开来看，人与自然之间应该是一种支配与被支配的关系。

②推崇抽象的思维方式。西方文化特别看重思维的逻辑性和事物内在的关联性，所以西方人善用抽象的概念来表达具体事物的含义。

二、交际

（一）交际的定义

中西方对“交际”一词的理解各不相同，可谓众说纷纭，见仁见智。

《孟子·万章下》记载：“敢问交际，何心也？”宋代的朱熹对这句话的解释是：“际，接也。交际，谓人以礼仪币帛相交接也。”

《现代汉语词典》对“交际”一词的解释为：“指社会上人与人的交际往来。”

然而，《朗文当代英语辞典》将交际“communication”定义为：“交际是人们交流信息或表达彼此的思想感情的过程。”

从跨文化交际学角度看，英语“communication”一词的词根为“commonis-”，意思是“共同”。外语教学界和对外汉语教学界将其译成“交际”，国际政治界将其译为“交流”，交通、通信界将其译成“沟通”“通信”“交通”，新闻界将其译为“传播”。甚至还有人将其翻译成“传通”。

萨莫瓦、波特和杰恩为“交际”所做的定义是：“当一种行为或一种行为的结果传达一定的意思时，交际随即产生。”由他们的观点可知，交际是一种双向的、正在进行中的行为影响的过程。在这个过程中，信息发出者编出代码，并将信息通过一定的渠道传递给信息接收者。信息接收者对信息进行解码，而达到获得信息的目的。

对“交际”的定义数不胜数，这里不再赘述。不论“交际”一词作何解释，其特点是固定、统一的。

（二）交际的特点

1. 互动性

交际的互动性是指交际主体的双方是互动的，信息发出者与接收者、编码与解码是交替进行的。交际的互动性也体现在交际中所有参与者共同发挥作用、共同创造和保持意义。

2. 语境性

交际的语境性包括交际活动的具体环境和交际者之间的关系。交际语境可以分为三种：物理语境、社会语境和人际关系语境。

所谓物理语境，是指交际实际发生的地点，如明亮的或黑暗的地点、寒冷的或炎热的地点、公开的或私人的地点等。

所谓社会语境，是指交际发生的不同社会场合，如看体育比赛、参加婚礼、上课等。不同的社会场合对人们的交际行为有不同的期待和规定。

所谓人际关系语境，是指交际双方所处的社会关系。人们对处于不同的社会关系的人之间发生的交际行为也会有不同的期待，如发生在同事之间、家庭成员之间和熟人之间的交际活动在说话态度、说话语气和话题选择上会有差异。

3. 动态性

交际的动态性是指交际是正在进行的动态的过程，而不是静止不变的。交际是一个连续不断变化的活动。交际中人们说出的话语和做出的行为很快就被其他话语和行为所取代。交际过程中人们不断受到彼此发出的信息的影响，并且交际的各个构成要素之间彼此作用，所以交际处于不断的变化之中。

4. 系统性

交际处于其发生的场景、场所、场合、时间和参与交际的人数的系统中。也就是说，任何的交际都发生在一定的场景中。交际发生的场景或语境决定了人们可能产出的语言和行为，以及符号代表的意义。场景在某种程度上规定了交际的原则。服饰风格、语言以及话题的选择等因素都要适合场景的要求。

交际发生的场所某种程度上也对人们的交际行为做出规定。在不同的交际场所，如礼堂、饭店或是学校，交际行为会呈现不同的特点。交际发生的场合也能够控制交际者的行为。众所周知，在礼堂中可能举行毕业典礼、话剧演出、舞蹈表演或者纪念活动。每一种场合都有其特定的行为模式，每一种文化所规定的行为模式也各异。

5. 符号性

符号是人们交际过程中的思想的载体，也是人们在交际过程中用来传达和分享意义的媒介。符号可以分为两种：语言符号或非语言符号。制造符号是人类特有的能力，动物之间虽然也进行交际，但它们的交际不是以符号为媒介的。

每一种文化中的人们均使用符号，但他们赋予符号不同的含义。符号的使用具有主观性，且符号与它所代表的含义之间的关系带有任意性。

（三）交际的本质

概括而言，交际的本质可以总结为如下几点：

（1）交际是基于信息交流的编码与解码的过程。有效交际和沟通的实现是建立在信息发出者和信息接收者共享统一或相近的语码之上的，就是交际双方使用同一种语言说话并且能够对交际的相关要素进行理解和掌握。

（2）交际是以符号的使用为手段的。广义的符号包括身势语和口语，还包括图画、文字等超越时空的符号等。甚至有些符号如伸舌头、点头、皱眉头是在无意识状态下发生，但一旦被观察或注意到，也能起到传递信息、进行交际的作用。

（3）交际的活动是有章可循的。例如，交际者之间使用的固定的词法、句法等语言规则和语用规则、语篇组织规则等。处于相同文化背景的人互相共享一些相同的规则有利于交际的顺利进行，文化差异也因为规则的不同阻碍交际的顺利展开。因此，掌握相关的文化规则将会更有利于成功交际的实现。

第二节　跨文化交际与翻译

一、文化与交际的关系

文化与交际二者是统一的。可以说，文化是冻结了的人际交流，交际是流动着的文化。具体来说，文化与交际的关系如下：

（1）交际受制于文化，文化影响着交际。交际行为是文化行为和社会行为，受到社会文化中世界观、价值观等文化核心成分的影响和制约。交际行为的编码和译码活动也受制于文化特定规则或规范。交际双方共享一套社会期望、社会规范或行为准则时，才有利于其交际活动的顺利进行。

（2）交际隶属于文化，并且是文化的传承媒介和编码系统。从社会学角度看，人们习得交际的能力是通过交际完成社会化的过程，又通过交际建立内、外部世界。有了交际，人们的活动、文化才能得到存储和传承。

（3）交际在影响文化的过程中丰富着文化。二者相互依存、相互促进。另外，交际也给文化注入新的活力和增添新的成分。

（4）文化的差异性在跨文化交际过程中，会使意义的赋予变得更加复杂，从而导致编码人传递的信息和译码人获得的意义之间存在差距。

二、跨文化交际的定义

“跨文化交际”一词对应的英文是“Intercultural Communication”或“Cross-cultural Communication”。有时也可以用“Trans-cultural Communication”来表示。需要指出的是，“Intercultural”强调文化比较，而“Cross-cultural”则仅指交往。也就是说，前者相当于跨文化交际研究，而后者相当于跨文化交际活动。跨文化交际有一种定义是：本族语言使用者与非本族语言使用者之间的交际，也指任何在语言和文化背景方面有差异的人们之间的交际。而目前人们普遍认同的跨文化交际的解释是：具有不同文化背景的人通过语言、信号、文字方式进行思想、信息交流。它通常指的是具有不同语言文化背景的、不同民族成员之间的交往活动；又指同一语言的不同民族成员之间的交际。更有人认为跨文化交际是一切在语言文化背景有差异的人们之间的交际。简单地说，跨文化交际就是具有不同文化背景的人们从事的交际过程。由于每一个人的文化和社会背景、生活方式、受教育状况、宗教信仰、性别、年龄、政治观点、经济状况，以及爱好、交友条件、性格等方面都存在差异，所以在交际过程中说话人与听话人对信息的理解将很难达到百分之百的一致。不同的民族所处的生态、物质、社会及宗教等环境均有所不同，所以生长在不同语言环境下的人们就会产生不同的语言习惯、社会文化、风土人情等。因此，不同的文化背景铸成了人们不同的说话方式或语言习惯。从这个意义上讲，任何人之间的交际都是跨文化交际，差异仅是程度上的，而非本质的。在跨文化交际中，交际双方的文化背景，可能大致相似，更可能相去甚远。文化距离可能是国际、民族、政治制度等上面的差异，也可能是社会阶层、地区、教育、性别、年龄、职业、爱好或兴趣等上面的差异。

三、翻译与跨文化交际

（一）翻译的跨文化交际属性

语言交际在不同文化中均是以自身默契来编码和解码的，而中西方跨文化交际是要从不同角度去理解中西方社会的不同价值观、世界观与人生观，以建立跨文化的中西方共识，促进中西方文化之间的沟通，以新文化、新价值标准为中介并使交际双方均能接受，以避免不同文化之间的冲突，从而实现成功的跨文化交流。

从人类社会产生开始，尤其是人类通过语言交流思想以来，跨文化交际就得以产生，而要保证这种跨文化交际能正常运用，就离不开翻译。当两个说不同语言的人相遇时，双方就必须依靠翻译来进行交际，所以为了更有效地进行跨语言、跨文化的交流，翻译就随之产生了。翻译者与翻译活动的出现，大大推动了跨文化交际活动的发展，从最初的族群与族群、民族与民族之间的微观跨文化交际，逐渐发展成国家与国家、地区与地区乃至全世界的宏观跨文化交际。可见，跨文化交际的出现促进了翻译活动的产生，而翻译活动反过来又推动了跨文化交际的发展；没有跨文化交际的需要，也就不会有翻译。总之，跨文化交际与翻译是相辅相成、相互依存的。从某种层面上说，翻译就是跨文化交际，翻译的历史也就是跨文化交际的历史。

不同文化之间的交流，不同思想之间的碰撞，均离不开语言。从本质上说，翻译是在一定社会语境下发生的交际过程，是一项跨语言、跨文化的交流活动。翻译主要涉及两种语言，即将一种语言以最近似、最等值的形式转换成另外一种语言的人类社会实践活动。翻译也是一种将语言文字、语言知识、文化修养结合起来的综合性艺术，这也是它的跨语言性。因此，翻译是一种语言社会实践活动，其既具有跨文化性，又具有交际性；既是一种艺术，又是一门科学。

如今，文化研究是一个热门的话题。从文化的视角，尤其是跨文化视角来研究翻译也渐渐成为一种潮流，文化因素在翻译中的作用越来越受到重视。近20年来，翻译研究主要有两种倾向。其一，翻译理论被深深地烙上了交际理论的印记；其二，翻译从注重语言的转换逐渐转向了注重文化的传达。以上两种倾向相结合，就将翻译看作是一种跨文化交际行为。

（二）跨文化交际与翻译研究及实践

吕俊指出，翻译的本质是传播，它是一种跨文化的信息交流与交换活动。随着跨文化交际学的出现，有学者提出，翻译，即一种跨语言、跨文化的交际活动。译者除了要掌握语言知识和相应的语言技能外，还要确保可以深入、灵活、有效且具体地传达原文的思想，了解源语与目的语的文化。只有具备了一定的跨文化交际能力，译者才可能使译文达到“最近似的自然等值”，从而完成相类似的文化功能。

不同民族文化在对社会现象的观察上存在一定差异，且这种差异也是影响交际活动顺利进行的主要障碍。在跨文化交际过程中，交际各方不但要非常熟悉本国家的语言、文化，还要充分了解对方的语言、文化。只有这样才能保证交际顺利地进行下去。

事实上，造成跨文化交际的最大的一个障碍就是文化差异。因此，为了达到跨文化交际的目的，译者就要尽量消除文化差异。

翻译是一种跨文化交际活动，它的主要任务是将一种语言的文化内涵转换到另一种语言中去，译文是否忠实主要依靠译者对两种语言以及所表达的文化内涵的细微差别的掌握情况。

跨文化交际学为从跨文化角度审视特定文本所处的语境和语言特征提供了科学的方法。跨文化交际的理论与研究方法，为文本、语篇的生成与传播提供宏观语境和微观语境，对信息接收者的整体特点与具体个性确切的了解，对精确翻译文本、语篇中所蕴含的文化信息，以及对确定翻译标准的适度性、翻译技巧选用的测量性、保证翻译的合理性、翻译质量的优质性、翻译传播效果的实效性提供了定性的或定量的依据。

从国内的研究成果来看，有些学者注重讨论西方人的思维模式、价值取向、道德规范、社会习俗、交往和生活方式等；有些学者注重从这些方面对中西方语言文化进行对比研究；

一些学者从语言的功能，文字的音、形、义以及文化效应的角度对英语和汉语进行更深层次的比较；还有一些学者会从社会交际、日常交往及其语言表达方式等方面对英汉语言的运用进行比较；而有些学者则从翻译学的视角出发，研究英汉语言互译中使用译入语恰当、准确地表达源语的语义以及其中蕴含的文化内涵；注重对翻译方法和技巧的讨论。这些学者的观点和看法，均对丰富和发展跨文化交际理论与实践作出了较大的贡献。

第三节　文化差异对翻译的影响

翻译不仅是一种语言间的转换活动，更是一种文化间的信息交流活动。从某种程度上来看，译者对英汉文化差异的正确解读对翻译的成功起着至关重要的作用。概括来说，文化差异对翻译的影响主要体现在以下两个方面。

一、文化误译

文化误译是由文化误读引起的，是指在本土文化的影响下，习惯性地按自己熟悉的文化来理解其他文化。文化误译是中国学生在英汉翻译中经常出现的问题。例如：

1.It was a Friday morning, the landlady was cleaning the stairs.

误译：那是一个周五的早晨，女地主正在扫楼梯。

正译：那是一个周五的早晨，女房东正在扫楼梯。

英美国家有将自己的空房间租给他人的习惯，并且会提供打扫卫生的服务。房屋的男主人被称为“landlord”，房屋的女主人被叫成“landlady”。所以该例句中的“landlady”应译为“女房东”，而不是“女地主”。

2.“You chicken！”He cried, looking at Tom with contempt.

误译：他不屑地看着汤姆，喊道：“你是个小鸡！”

正译：他不屑地看着汤姆，喊道：“你是个胆小鬼！”

大多数中国学生都会将“chicken”译为“小鸡”，这是因为汉语中只有“胆小如鼠”一说，并无“胆小如鸡”的说法。事实上，英语中的“chicken”除本义外还可用来喻指“胆小怕事的人”“胆小鬼”，因此“You chicken！”的正确译文是“你是个胆小鬼！”

3.John can be relied on, he eats no fish and plays the games.

误译：约翰为人可靠，一向不吃鱼，常玩游戏。

正译：约翰为人可靠，既忠诚又守规矩。

该例中的“to eat no fish”与“to play the game”的字面意思为“不吃鱼，经常玩游戏”，但实际上，这两个短语都有其特定的含义。英国女王伊丽莎白一世规定了英国国教的教义和仪式，部分支持此举的教徒便不再遵循罗马天主教周五必定吃鱼的规定，于是“不吃鱼”

（eat no fish）的教徒就被认为是“忠诚的人”。而玩游戏的时候总是需要遵守一定的规则，因此“play the game”也意味着必须守规矩“follow principles”。

可见，在英汉翻译教学中，教师应引导学生不断地扩充英语文化知识，要求学生在英汉翻译时根据具体语境，并结合文化背景，准确地理解原文的含义，然后选择恰当的翻译技巧进行翻译，切忌望文生义。

二、翻译空缺

翻译空缺是指任何语言间或语言内的交际都不可能是完全准确的、对等的。英汉语言分属不同的语系，翻译空缺的现象在英汉语言交际中表现得尤为明显，给翻译的顺利进行带来了障碍。在英汉翻译教学中，教师应该提醒学生注意这一现象。在英汉翻译中常见的翻译空缺有词汇空缺和英汉语义空缺两大类。

（一）词汇空缺

尽管不同语言之间存在一定的共性，但同时也存在各自的特性。这些特性表现到词汇上，就会造成不同语言之间表达的不对应。这和译者所处的地理位置、自然环境，生活方式、社会文化等相关。

有些词汇空缺是因生活环境的不同而产生的。例如，中国是农业大国，大米是中国南方主要的粮食，所以汉语对不同生长阶段的大米有不同的称呼，如长在田里的叫“水稻”，脱粒的叫“大米”，而煮熟的叫“米饭”。相反，在英美国家，不论是“水稻”“大米”还是“米饭”都叫“rice”。

语言是不断变化发展的，随着历史的前进、科技的进步，新词汇层出不穷。例如，1957 年 10 月第一颗人造地球卫星发射成功后就出现了“sputnik”一词，而该词随即也在世界各国的语言中出现了词汇空缺。再如，1969 年 7 月，当美国宇航员登上月球后，英语中首次出现了“moon craft”（月球飞船）、“moon bounce”（月球弹跳）、“lunar soil”（月壤）、“lunar dust”（月尘）等词，这也一度成为各国语言的词汇空缺。因此，教师在英汉翻译教学中要特别注重对词汇空缺现象的渗透，要求学生认真揣摩由词汇空缺带来的文化冲突，指引其采用灵活的翻译方法化解矛盾，翻译出优秀的文章。

（二）英汉语义空缺

英汉语义空缺是指不同语言中表达同一概念的词语虽然看起来字面含义相同，但实际上却存在不同的文化内涵。以英汉语言中的色彩词为例，它们在大多数情况下都具有相同的意义。但在某些场合，表达相同颜色的英汉色彩词却被赋予了不同含义。例如：

Black and Blue 青一块，紫一块

Brown Bread 黑面包

Green Eye 眼红

Black Tea 红茶

Brown Sugar 红糖

Turn purple with rage 气得脸色发青

因此，教师在日常的翻译教学中要不断提醒学生对语义空缺现象的注意，遇到空缺时尽量寻求深层语义的对应，而不是词语表面的对应。

需要说明的是，语义空缺还表现在语义涵盖面的不重合，即在不同语言中，表达同一概念的词语可能因为语言发出者、语言场合等的不同而产生不同的含义。例如，英语中“flower”除了作名词表示“花朵”以外，还可以做动词表示“开花”“用花装饰”“旺盛”等含义，而这种用法是汉语中的“花”所没有的。相应地，汉语中的“花”作动词时常表示“花钱”“花费”等含义，这也是英语中的“flower”所没有的。可见，英语中的“flower”和汉语中的“花”表达的基本语义虽然相同，但在具体使用中，二者差别极大。因此，教师应引导学生注意词语在语言交际中产生的实际语义，从而在翻译时实现语义空缺的弥合。

第四节　文化翻译的原则与策略

一、文化翻译的原则

有学者认为翻译是一种纯粹的实践活动，根本不需要遵循任何原则，并提出了“译学无成规”的说法。还有学者认为：“翻译是一门科学，有其理论原则。”然而，金隄和奈达在两人合著的《论翻译》中指出：“实际上每一个人的翻译实践都有一些原则指导，区别在于自觉和不自觉，在于那些原则是否符合客观规律。”

可见，翻译原则是翻译实践的科学依据，是一种客观存在。翻译实践也证明，合理地使用翻译原则指导翻译实践活动将会收到事半功倍的效果。

同样，基于文化差异下的翻译活动也必须遵循一定的原则。

奈达在《语言 · 文化 · 翻译》中提出，翻译中的文化因素应该受到更多的重视，他进一步发展了“功能对等”理论。当学界将文化看作一个符号系统的时候，文化在翻译中获得了与语言相当的地位。翻译不仅是语言的，更是文化的。因为翻译是随着文化之间的交流而产生和发展的，其任务就是把一种民族的文化传播到另一种民族文化中去。因此，翻译是两种文化之间交流的桥梁。

因此，有学者从跨文化的角度把翻译原则归结为“文化再现”。文化再现有以下两个方面：

（1）再现源语文化的特色。例如：

巧媳妇做不出没有米的粥，叫我怎么办呢？

（曹雪芹《红楼梦》）

译文 1：Even the cleverest housewife can't cook a meal without rice. What do you expect me to do？

（杨宪益、戴乃迭译）

译文 2：…And I don't see what I am supposed to do without any capital. Even the cleverest housewife can't make bread without flour.

（霍克斯译）

该例中，"巧媳妇做不出没有米的粥"就是俗语"巧妇难为无米之炊"，意思是"即使聪明能干的人，如果做事缺少必要条件也是难以办成的"。译文 1 中，译者保存了原作中"米"的文化概念，再现了源语的民族文化特色，符合作品的社会文化背景。译文 2 中，"没米的粥"译成"没有面粉的面包"（bread without flour），译者的出发点是考虑到西方人的传统食物是以面包为主，故将"米"转译成"面粉"（flour）有利于西方读者接受和理解。虽然西式面包与整个作品中表达的中国传统文化不和谐，在一定程度上损害了原作的民族文化特色，但译文已经能够传达了原文的文化内涵"即使聪明能干的人，如果做事缺少必要条件也是难以办成的"，并且提高了译文的可接受性，是应该值得提倡的。

（2）再现源语文化的信息。例如：

It was friday and soon they'd go out and get drunk.

译文：星期五到了，他们马上就会出去喝得酩酊大醉。

尽管该译文看上去与原文对应，但如果读者看到后肯定会感到不知所云，为什么星期五到了人们就会出去买醉呢？很显然这句话承载着深层的文化信息。在英国，"friday"是发薪水的固定日期，所以到了这一天，人们领完工资之后就会出去大喝一场。译者在翻译时不妨将"friday"具体化，加上其蕴含的文化信息，可把这句话译为："星期五发薪日子到了，他们马上就会出去喝得酩酊大醉。"如此一来，使"friday"一词在特定的语境中所承载的文化信息得以完整地理解和传递。

二、文化翻译的策略

在跨文化翻译的过程中，干扰翻译的因素有很多，这就需要译者灵活地处理，运用恰当的翻译策略。

（一）归化策略

归化策略是指以译语文化为归宿的翻译策略。归化策略始终恪守本民族文化的语言习惯，回归本民族语言地道的表达方式，要求译者向目的语读者靠拢，采取目的语读者所习惯的表达方式来传达原文的内容，即使用一种极其自然、流畅的本民族语言表达方式来展现译语的风格、特点。归化策略的优点在于可以使译文读起来比较地道和生动。例如，"as poor as a church mouse"译为"穷得如叫花子"而不是"穷得像教堂里的耗子"。

另外，对于一些蕴含着丰富的文化特色，承载着厚重的民族文化信息和悠久文化传统的成语与典故，也可采用归化翻译策略。例如：

fish in troubled waters 浑水摸鱼

drink like a fish 牛饮

Where there is a will, there is a way. 有志者，事竟成。

Make hay while the sun shines. 趁热打铁。

There is no smoke without fire. 无风不起浪。

To seek a hare in hen's nest. 缘木求鱼。

Fools rush in where angels fear to tread. 初生牛犊不怕虎。

One boy is a boy, two boys half a boy, three boys no boy.

一个和尚挑水吃，两个和尚抬水吃，三个和尚没水吃。

当然，归化翻译策略也存在着一定的缺陷，即它滤掉了原文的语言形式，只留下了原文的意思。这样译语读者就很有可能漏掉一些有价值的信息。如果每次遇到文化因素的翻译，译者都只在译语中寻找熟悉的表达方式，那么译文读者将不会了解源语文化中那些新鲜的、不同于自己文化的东西。长此以往，不同文化间就很难相互了解和沟通。

以霍克斯对《红楼梦》的翻译为例，从其译文中可以感受到好像故事发生在英语国家，具有很强的可读性，且促进了《红楼梦》在英语世界的传播，但其也改变了《红楼梦》里丰富的中国传统文化内涵。例如，将带有佛教色彩的“天”译为西方读者更容易接受的God（神）；将“阿弥陀佛”译成“God bless my soul!”

（二）异化策略

“异化”是相对于“归化”而言的，是指在翻译时按外来文化的语言特点，吸纳外来语言的表达方式，要求译者向作者靠拢，采取相应于作者所使用的源语表达方式来传达原文的内容。简单地说，异化即保存原文的“原汁原味”。异化策略的优势是，它为译语文化注入了新鲜的血液，丰富了译语的表达，也利于增长译文读者的见识，促进各国文化之间的交流。例如：

As the last straw breaks the laden camel's back, this piece of underground information crushed the sinking spirits of Mr. Dobby.

就像最后一根稻草把满负重载的骆驼的背压断一样，这个信息使董贝先生的情绪再也支撑不下去了。

将原文中的习语“the last straw breaks the laden camel's back”照原文直译出，不但可以使汉语读者完全理解，还能了解英语中原来还有这样的表达方式。

（三）归化与异化相结合策略

作为跨文化翻译的两个重要策略，归化与异化同直译与意译一样，属于“二元对立”的关系，二者均有自己适用的范围和存在的理由，但没有任何一个文本能够只用归化策略或者异化策略就能翻译，因此只强调一种是不完善的，只有将归化策略和异化策略并用，才能更好地为翻译服务。归化与异化相结合的策略，有利于中国文化的繁荣与传播。随着中国在政治与经济上的强大和“全球一体化”的深入，世界文化交流日益加强，中西文化的差异被渐渐地淡化。翻译家们越来越尊重源语的文化传统，采用“异化”翻译，尽可能地保留源语文化意象。例如，北京奥运会吉祥物“福娃”的国际译名，经过多方的商议，最终由最初的“Friendlies”更改为“Fuwa”。

（四）文化调停策略

文化调停策略是指省去部分或全部文化因素不译，直接译出原文的深层含义。文化调停策略的优势是，译文通俗易懂，可读性强。当然，文化调停策略也存在一定的缺陷，即不能保留文化意象，不利于文化的沟通和交流。例如：

当他六岁时，他爹就教他识字。识字课本既不是“五经”“四书”，也不是常识国语，而是从天干、地支、五行、八卦、六十四卦名等学起，进一步便学些《百中经》《玉匣记》《增删卜易》《麻衣神相》《奇门遁甲》《阴阳宅》等书。

（赵树理《小二黑结婚》）

When he was six, his father started teaching him some characters from books on the art of fortune-telling, rather than the Chinese classics.

该例原文中包含了十几个带有丰富的汉语文化的词汇，如“五经”“四书”、天干、地支、五行、八卦、六十四卦名、《百中经》《玉匣记》《增删卜易》《麻衣神相》《奇门遁甲》《阴阳宅》。要将它们全部译成英文是非常困难的，同时也是没有必要的，因为即使翻译成英文，英文读者也很难理解，所以可以考虑采用文化调停的策略，省去不译。

第五节　文化差异对英语翻译教学的作用

一、培养学生的语用能力

提高学生的语用能力能够帮助学生更准确地理解文本中的文化因素和准确含义，并提高学生学习翻译的兴趣。为实现这一点，教师在翻译教学需要注意以下两个方面：

（1）教师应在教学中将英美文化知识和教学内容有机结合起来，通过为学生讲解文化现象、文化差异，使学生感受英语，提高对英语在各种情境下使用的理解和认识。这对学生深刻地理解英语语篇有极大帮助。

（2）教师应注意翻译教材的选择，选用一些包含文化知识、涉及文化差异的教材，并变“以教师为中心”为“以学生为中心”的教学模式，利用一切方法、资源，使学生置身于跨文化交际的真实情景中，通过使用英语来理解英语及其语用含义，体会翻译时的字斟句酌。

二、扩大学生的知识面

对近些年中国英语的教学情况进行考察可以发现，很多学生只专注于专业课的学习，只盯着课本上的知识，对英美国家的文化知识所知甚少。一旦教师提到文化问题，学生就无法回答。然而翻译是一个涉及众多学科、众多领域的活动，若不具备该领域一定的基础知识就很难理解文本，也就很难翻译准确。显然，有限的词汇量、狭窄的知识面、匮乏的文化背景知识是阻碍学生翻译水平提高的重要因素。

为解决上述问题，很多高校纷纷开设了有关外国文学、文化等方面的选修课，旨在扩大学生的知识面，提高学生对外国文化的兴趣，培养他们对文化差异的认识，增强对英语中包含的文化现象的认识和理解，从而提高学生在翻译中处理文化问题的能力。

三、重视学生的双语能力

翻译是一项综合技能，要求译者有足够的语言功底，既要有扎实的英语功底，也要有扎实的汉语功底。英语能力差，对英汉文化差异认识不足会影响翻译的质量；而汉语基础薄弱同样也会影响译文的质量。而在翻译教学中，教师往往只关注学生的英语水平，忽视了学生的汉语水平。著名翻译家陈廷佑曾指出，能不能译出来取决于译者的英文功底，而译得好不好则取决于译者的汉语功底。例如：

Because of this explosive progress, today's machines are millions of times more powerful than their crude ancestors.

有了这种突飞猛进的进步，今天的机器比起原始期的机器不知强了几百万倍。

上面原文中的“explosive”的原意是“爆炸性的”，但结合具体语境，将其翻译成“突飞猛进的”更准确、更合适。再如：

He identified himself with the masses.

Enjoy the luxury of doing good.

It is two years come Christmas.

要理解上面三个句子并不难，难的是如何用符合汉语表达习惯的话语将其含义传达出来。下面是以上三句各自的参考译文。

他和群众打成一片。

以行善为乐。

到今年圣诞时就是两年了。

由上可知，翻译的质量离不开英汉两种语言的修养。纵观我国现有的外国文学名著译本可知，译者们在对原文的理解程度基本相同的情况下，那些汉语语言功底深厚的译者的译本译文精炼、文字优美、富有意象，它们往往流传更广、更久。

因此，在翻译教学中，教师必须重视对学生汉语语言功底的培养，让学生充分了解汉语表达习惯，熟悉汉语行文特征，使学生在翻译中体现、发扬汉语语言传统，从而翻译出更好的文章。

四、重点研究集体中的个别差异

文化涉及的范围很广，因而英汉文化的差异也体现在众多方面。在翻译教学中，教师应重点研究集体中的个别差异，使学生对常见的文化差异有所了解，从而提高翻译教学的质量，增强学生的翻译能力。下面以自然因素引起的差异为例进行说明。

由于人们生活的自然环境对生产生活都有着较大影响，这些影响也反映在语言中。中国和英美国家所处的自然环境不同，因而各自语言中有关自然环境表达的文化含义也是有所区别的。翻译时必须考虑这一差别。例如：

（1）在中国，暖风从东边吹来，冷风从西边吹来，而在英国正好相反。因此，汉语中的“东风”是温暖的、意义积极的，而英语中的“east wind”却是冷酷无情的、消极的。

（2）汉语中形容花钱大手大脚的词语是“挥金如土”，而英语中则是“spend money like water”，这是因为中国位于亚洲大陆，土地面积辽阔，“土”是人们生活中最依赖、最常见的事物；而英国是个岛国，其航海技术一度领先世界，人们对于海洋，对于水的意识更加深刻。

由此可见，教学中只有让学生了解了产生差异的文化因素，学生才能更准确地理解原文，并将原本的真实含义传递给目的语读者。

五、重视归化与异化翻译教学

面对各种因素引起的文化差异，翻译时可通过归化和异化进行灵活处理。归化和异化是翻译中两种非常重要的技巧，不仅能够传递语言符号所表达的含义，更能够传递文化信息。

施莱尔马赫在《论翻译的方法》中指出“译者可以‘不打扰原作者而将读者移近作者’，又或者‘尽量不打扰读者而将作者移近读者’”。所谓“不打扰原作者而将读者移近作者”是指翻译要以原作者为中心；而“不打扰读者而将作者移近读者”是指译文要以读者为中心。这与韦努提后来提出的“异化翻译”和“归化翻译”本质上是一致的。

（1）归化翻译。所谓归化翻译，是指恪守本民族文化的语言习惯传统，回归本民族语地道的表达方式，要求译者向目的语读者靠拢，采取目的语读者所习惯的表达方式来传达原文的内容，即使用一种极其自然、流畅的本民族语表达方式来展现译语的风格、特点。

（2）异化翻译。所谓异化翻译，是相对于“归化”而言的，指在翻译上迁就外来文化的语言特点，吸纳外来语言的表达方式，要求译者向作者靠拢，采取相应于作者所使用的源语表达方式来传达原文的内容。换而言之，异化翻译即保存原文的“原汁原味”。

归化翻译和异化翻译的区别在于：前者强调原文与译文的不同，要求忠实于原文，将原文中的异域情趣呈献给目的语读者；而后者侧重消除译文读者对原文的陌生，即用目的语中的文化形象取代源语中的文化形象，以使目的语读者更好地掌握原文的文化内涵，实现翻译的交际目的。尽管归化和异化相互矛盾，二者却也相互联系。当异化无法准确传达原文含义的时候可使用归化翻译，使之本土化，是“将就”读者的灵活变通。

在翻译教学中，为帮助学生解决文化差异造成的翻译问题，教师应指导学生灵活使用归化翻译和异化翻译。需要指出的是，归化翻译和异化翻译并不存在孰优孰劣的问题，而在于译者能否恰当地运用恰当的翻译方法。一个优秀的翻译是要在归化和异化之间寻找一个“合理”的折中点。

六、积极开展网络及第二课堂教学

目前我国翻译教学仍沿用传统英语教学的教学方法和教学工具，在科技、经济飞速发展的今天，这显然已经不能高效地提高学生的翻译能力。因此，教师必须具有改变教学方法、教学工具等的意识。互联网的高速发展不仅为社会生活做出了巨大贡献，同时也将成为提高教学效果的一个重要手段。教师可以网络教学作为课堂教学的补充和延伸，既可以实现由教师现场指导的实时同步学习，也可以实现在教学计划指导下的非实时自学，还可以实现通过使用电子邮件、网上讨论区、网络通话等手段的小组合作型学习等。

由于英语课堂教学的时间有限，翻译教学更是时间紧缺。因此，翻译教学不能局限于课堂之上，还要在课下开展一些有益学生增加文化知识的活动，如要求学生阅读英文原版书报、杂志等。另外，英文电影、英文电视节目、英文广播节目等也是拓展文化知识、提高翻译水平行之有效的方法。

第四章　跨文化英语翻译的原则

第一节　对立统一的和谐理念观照下的跨文化翻译原则

作为“和谐”理念的核心思想,“和而不同”中的“和”与“不同”是对立的统一关系。以“和而不同”作为指导思想，跨文化翻译应尊重原作，尊重源语文化。因此，在翻译中就要贯彻“忠实第一，创造第二”和“内容第一，形式第二”的翻译原则，采取“异化第一，归化第二”和“直译第一，意译第二”的翻译策略。只有这样，才能更充分、更有效地发挥翻译的文化传播功能。

一、对立统一的和谐理念与翻译的功能

（一）和谐理念与跨文化交际

中国传统文化中的和谐理念源自中国古老的“以和为贵”的哲学思想。所谓和谐，是指人与人（包括民族与民族、国家与国家）、人与自然、人与社会、人与自身彼此之间保持友好相待、和睦共处、协调平和的关系。“和”指一致性和统一性,但“统一”绝非“一统”,它是以承认差异为基础的相对统一和求同存异，而非以消灭差异为前提的绝对统一或完全一致;“谐”指的是协调性和均衡性，是指人类社会的要素以及矛盾与问题各方面的协调性或适配性，是整个世界发展过程中人与人、人与事物、事物与事物之间的均衡关系。所以，和谐理念是一种对立统一的思想观念。在应对和处理不同民族、不同文化之间的关系时，和谐理念表征为“和而不同”的观念。这个“和”，如上所述，“反映的是一种有差异的平衡或多样性的统一”；而这个“同”,“反映的是无差别的同一或抽象简单的同一”。

（二）翻译的功能

翻译，简单来说，就是语际转换。翻译的目的，首先是要让译语读者能够看懂和了解源语作者写作的意图及其文本语义。因此，翻译的功能首先是将源语文本的语义内容准确无误地通过译语文本传递给译语读者,使他们能够正确地理解和把握源语文本的语义内容。这无疑是翻译第一位的、首要的功能。

但是我们千万不可忽略翻译的另一项重要功能，那就是，将源语文本的文化内容准确

无误地通过译语文本传递给译语读者，使他们清楚地了解和熟谙源语民族所持有的文化传统。“翻译是文化的翻译。文化传播是翻译的真正价值所在”。众所周知，跨文化交际是世界各国、各民族之间在政治、经济、外交、军事、科技以及文化等众多领域进行交往与合作的客观需要；在当今经济全球化的背景下，跨文化交际正发展迅猛，已呈现文化全球化的端倪。为使上述各个领域的交往更加有效，从而达到合作共赢、和谐相处、共同发展，就需要不断深入了解、认同甚至接纳他国异族的文化，包括人文历史、民族特征、心理结构、思维模式、世界观、价值观、情感态度取向、人际交往方式、社会习俗、生活习惯、文化传统等。作为跨文化交际的一种极为重要的形式或手段，翻译要在准确地传达源语文本的语义的前提下，让译语读者了解源语文本所承载的异域文化。

二、“和而不同”的跨文化翻译原则

跨文化翻译的基本原则为“忠实第一，创造第二”和“内容第一，形式第二”。

（一）忠实第一，创造第二

翻译在一定的意义上确实是译者所进行的一种再创造工作。但是，这个“创造”是相对的、有条件的，是以忠实传达源语语义和文化内涵为前提的；因为“翻译的目的是使一种语言的读者通过本国文字了解他国文化，即译者通过译语向译语读者介绍源语文化”。换言之，就是要“让不懂原文的人通过译文知道、了解甚至欣赏原文的思想内容及其文体风格”。这里的“思想内容”当然既包括源语文本的语义内容，也包括源语文本的文化内容；而在此基础上再去传达源语文本的文体风格，就是更高层次的目标和要求。“而要实现这一目的，就必须追求目标语文本与源语文本之间的意义之相当、语义之相近、文体之相仿、风格之相称”。这就决定了我们必须把“忠实”作为翻译的首要原则。

“‘和而不同’的翻译态度要求翻译过程中尊重原作、尊重源语文化，同时也不妄自菲薄，使各自的文化在对话过程中保留个性。”尊重原作、尊重源语文化就意味着在翻译过程中要尽最大可能地忠实于源语文本，而不是随意删改、改造或“改写”原作。诚然，绝对的忠实是不存在的，绝对的忠实势必导致硬译、死译，这是翻译之大忌。这里所说的忠实，主要是指如实、准确地表达原文的语义内容、文化内容及其韵味即“意似”和“神似”，而非刻意地追求“形似”，即语言表达形式的雷同。当然，在真正做到“意似”和“神似”的前提下兼顾“形似”则是译者理想的追求。由于语言表达方式的差异以及“文化缺位”“概念缺位”的存在，拘泥于绝对忠实的翻译有时候是无法以恰当的译语再现源语的语义内容，特别是文化内容的，此时采取适当、得体的“创造”也是必要的。尤其对于文学翻译，这种“创造”特别是以提高审美价值为目标的“艺术加工”是不可缺少的。翻译是对原作的再创造，指的就是译者通过自己的创造性工作把原作的精髓用另一种语言完美地再现出来。但译者不能以“创造”为名随意“改写”乃至歪曲原意，或摒弃其文化内涵。总之，创造始终是第二位的，忠实才是第一位的，创造必须以忠实为前提。这就是“忠实”与“创造”

之间的对立统一关系。

例 1：人怕出名猪怕壮。

参考译文：Bad for a man to be famed; bad for a pig to grow fat.

此译文是杨译本《红楼梦》第 83 回里对这个汉语俗语的翻译。此俗语意指人一旦出名日子就会很难过，因为出名后将会面临更大的挑战、更多的困难或矛盾、更苛刻的要求，甚至会引来指摘或忌恨等，有如猪长肥壮后就会被宰杀一样。注重异化策略的杨译本贯彻了忠实的原则，很贴切地表达了源语的文化内涵。而强调归化译法的《红楼梦》霍译本则将该俗语译为“Fattest pigs make the choicest bacon; famous men are for the taking.”。这个译文显然是“创造”过度了，与源语意思几乎是南辕北辙。造成这种现象的根本原因是没有真正把握源语的文化内涵。

（二）内容第一，形式第二

内容，指源语本身所蕴含的语义、文化及情感等内涵；形式，则是指源语“内容”借以表达的语言外壳，包括原作的文本体裁、语句篇章结构、修辞手段等。在跨文化翻译中忠实地传递源语文化的客观要求，就使得我们必须将是否能最大限度、最为准确地用译语表达源语的语义内容，特别是文化内容，作为判断翻译质量高低的重要标准。所以，必须将内容的翻译处理准确传递放在第一位。当然，如果能兼顾源语文本的形式，则会更有利于传达源语的文体风格。当维持原作的形式无法有效地表达原作内容时，则宁可牺牲形式以追求内容的准确，务必不要拘泥于原作形式；“形式”是附属于“内容”，为“内容”服务的，因此切不可为追求形式而损害内容。两者间的对立统一关系可概括为“内容第一、形式第二”的原则，这是对“忠实第一，创造第二”的最好诠释。

例 2：Let me not to the marriage of true minds/Admit impediments...

参考译文：我不承认两颗真诚相爱的心 / 会有什么阻止其结合的障碍……

这是曹明伦对莎士比亚第 116 首十四行诗的第一个句子的译文。这个译文无疑较好地表达了源语的内在含义。而其他许多译本大多译成“我决不承认两颗真心的结合 / 会有任何障碍”，其形式虽与原文更为统一，表达也很流畅，但这里的“障碍”指的是什么却没有明确。难道有人认为真心结合会有什么障碍吗？抑或是指双方父母因不赞同婚事而做出的阻挠？其实，这源自西方的婚礼文化，是主持婚礼的牧师在婚礼仪式上分别对新郎新娘提出的质询词，问他们是否存在任何使两人不能合法结合的障碍（例如未到合法结婚年龄或重婚等）。故而，曹的译文更为清晰、明确地传递了源语的语义及其文化内涵，较好地体现了“内容第一，形式第二”的原则。可见，进行跨文化翻译时，应首先注重语义内容和文化内容的准确表达，而将语言形式放在第二位，必要时可以适当地调整结构、改换句型、增删字词、转换词义等。

例 3：裁衣不用剪子——胡扯。

参考译文：Cutting out garments without the use of the scissors—only by tearing the cloth recklessly/talking nonsense.

此译文贯彻了“内容第一，形式第二”的原则，较好地传递了源语中蕴含的中国文化。众所周知，各类习语中往往蕴含极其丰厚的文化内涵。汉语中的歇后语就是个典型例子。它是汉语所特有的语言表达形式，承载着鲜明的中国传统文化，却造成英语中的“文化缺位”或“概念缺位”等问题。如果只注重形式的一致，就很难准确地传递其真正内涵。例如，此句歇后语，若将它译为“Cutting out garments without the use of the scissors—talking nonsense.”，则其前后两部分缺乏直接的语义衔接和逻辑联系，不了解汉语“胡扯”双关之义的英语读者，肯定不会知道“裁衣不用剪”与“胡说八道”有什么内在联系，因而会感到困惑。而“only by tearing the cloth recklessly/talking nonsense”这种“直译加意译”的译法则传递了汉语使用前半句隐喻所产生的双关语义。英语读者就能明白，“only by tearing the cloth recklessly（胡扯）”在源语即汉语中另外还有“胡说”的语义。这是翻译不能一味拘泥于语言形式的一个典型译例。

三、“和而不同”的跨文化翻译策略

翻译策略指的是在特定的翻译原则指导下所采取的具体翻译方法或手段。说到翻译策略，就不能不提到“异化”和“归化”。翻译中到底应该采取异化策略还是归化策略，这是一对矛盾；同样，翻译中应该采用“直译”还是“意译”，这是与前者既相似又不尽相同的又一对矛盾。以跨文化交际的视角，从翻译的文化传播功能出发，以“和而不同”的观念作为跨文化翻译的指导思想，这两个问题不难找到答案。依据上述“和而不同”的翻译理念，正确的跨文化翻译策略应该是“异化第一，归化第二”和“直译第一，意译第二”。它们之间也是既对立又统一的关系。

（一）异化第一，归化第二

“和而不同”的跨文化翻译理念和翻译的文化传播功能在客观上要求翻译工作者尊重源语文化。“翻译的根本任务是准确恰当地表述源语文化的差异性，使其为译语文化所认可和吸收，进而促进异质文化之间的交流、互补与融合。”为此，翻译者就应主要采用异化策略，这样才能很更好地完成上述任务。鉴于此，含有隐喻的英语习语“to shed crocodile tears（鳄鱼眼泪）”和“to kill two birds with one stone（一石二鸟）”没有必要采用归化译法译成“猫哭老鼠”和“一箭双雕”。同样，汉语俗语“吃着碗里的，看着锅里的”中的“碗（bowl）”和“锅（pan）”也没有必要译为具有浓厚西方色彩的“dish”和“saucepan”。国内有学者曾经从功能派的视角对《红楼梦》中“咏蟹诗”的霍译和杨译两个版本做过比较，认为采用归化译法的霍氏译文不如采用异化译法的杨氏译文，前者使“译入语读者品尝‘异国风情’的权利在无形中被剥夺了”，而后者虽然不如前者流畅，但“其异化的策略在上下文中很好地体现了作者意图，因而从功能的角度是更成功的翻译”。原作特别是文学作品的作者经常会采用富含语用含意的表达方式，翻译处理时采取“异化翻译”而不是“过度诠释”，往往更易于发挥源语文本的文学效果，从而更好地彰显原文作者的写作意图，使译语读者能够领悟和欣赏原汁原味的异域文化和写作风格。由此可见，跨文化翻译应注重文化内容的再现，主要采取“异化翻译”的策略；同时可在必要时添加适当的补译或脚注给以相应的补充阐释。奈达在谈及译文的调整原则时也曾这样说过：“如果源语文本有意模糊，则保留模糊，采用脚注的形式对模糊的作用加以解释。”这里的“有意模糊”正是文学文本刻意追求“形式美”的典型手法。“保留模糊”既可达到形式上的完美对等，又可有效地“保存源语文化风味与核心价值观”，“把原文所承载的有关异域历史背景、民族传统、社会习俗等文化信息如实地传达给译语读者”，“借以缓和文化冲突，促进文化多元化”，还能“使得本族语言得到极大的丰富”。毕竟，传播异族文化是文学翻译的重要功能之一。

但是，“绝对的归化和异化的翻译是不存在的。绝对的归化‘以我为中心’，随意删改或改造原作，置翻译的文化传播功能于不顾，那翻译存在的必要性就要受到质疑；绝对的异化，又会遭到译文读者的排斥。”因此，在翻译实践中须视具体情况采用异化和归化的策略，应尽一切可能采用异化策略将源语文本所蕴含的文化内容充分传达出来，而当采用异化策略无法让译语读者准确理解的时候，则可适当地采用归化策略。

（二）直译第一，意译第二

翻译中的直译和意译表面上与上述异化和归化似乎很相似，其实却有所不同。异化和归化主要考虑的是源语文化在翻译中的处理策略问题，即源语文化内容的处理方式，是原封不动保留源语文化的特色还是采用相应或类似的译语文化加以替代。而直译和意译则涉及源语文本的语义内容和文化内容的语际转换问题，即源语形式的处理方式。两者有交叉，但并非完全等同：异化翻译主要采用直译方法，但并非不能用意译方法翻译；归化翻译则主要采用意译，但在某些局部也不完全排斥直译。

忠实再现源语文本语义内容和文化内容的最佳翻译方法莫过于直译。当然，也不存在绝对的直译，那同样会导致死译、硬译。当直译无法有效地传递源语的语义内容和文化内容时，适当地采取意译肯定是必不可少的。同样，也不存在绝对的意译，那样就会导致胡译、乱译，不仅不能传递源语所蕴含的文化内容，而且会严重歪曲源语的语义内容。综上所述，在进行跨文化翻译时，显然应将直译摆在首位，在此基础上适当运用意译，这就是“直译第一，意译第二”的内涵。

四、“和而不同”的跨文化翻译策略的运用

翻译是不同民族语言之间的语际转换，而语言是文化的载体，因此从广义上说，几乎所有的翻译都属于跨文化翻译的范畴。如前所述，将对立统一的“和而不同”的和谐理念应用于跨文化翻译中，就要求我们将文化传播摆在十分重要的位置，就有必要采取同样呈对立统一关系的“异化第一，归化第二”和“直译第一，意译第二”的翻译策略。在具体

的翻译实践中，通常有四种处理方式：

（一）直译

当直译足以让译语读者理解源语文本的语义内容特别是文化内容时，直译应为首选。

例 4：When the cat's away the mice will play.

参考译文：猫儿不在，老鼠翻天。

此句译文显然不属于地道汉语的表达方式，其含义近似汉语的俗语“阎王不在，小鬼跳梁”，与后者具有异曲同工之妙，却反映了英国人和中国人不同的思维方式：在表达相同意思时采用了不同的文化隐喻。倘若将这句英语谚语意译为后者，语义虽无不妥，却失去了源语的文化意蕴。

（二）直译加意译

有时候，单靠直译也无法将源语的全部文化内涵表达出来，或者直译虽然传递了源语的文化内涵，却难以让译语读者理解。此时，可以在直译后再将其内蕴意译出来，如前面的例 3。此处再举一例：

例 5：捡了芝麻，丢了西瓜。

参考译文：Picking up the sesame seeds while overlooking the water melons: concentrating on minor matters while neglecting the major ones.

此句汉语俗语在译成英语时，如果仅仅采取直译，英语读者就很难读懂，因为在英国文化中从不会使芝麻和西瓜发生关联，因此他们不能理解这两者之间到底有什么内在联系。加上后半句的意译之后，就使得前半句隐喻的真正内涵得以揭示。

（三）直译加注

这是指翻译时直接从源语中将文化意象移植到译语中，然后给以必要的注释。这样做既可忠实地保留源语文化特色，又可让译语读者正确地解读和领会。英语和汉语中的各类习语蕴含着丰富的文化意象，因此这些习语的翻译就要特别注意避免简单意译的倾向，经常需要采用直译加注的方式。例如：

例 6：姜太公钓鱼，愿者上钩。

参考译文：Like Jiang Taigong fishing they have cast the line for the fish who want to be caught.

在文后加注：Note: Jiang Taigong lived in the Chou Dynasty.According to a legend, he once fished in the Weishui River, holding a rod without hood or bait three feet above the water, and saying “The fish that destined to be caught will come up.”

这是一个含有十足的中华文化色彩的俗语，翻译时采取直译虽然可以有效地保持中华文化，却难以让译语读者完全领略其文化内涵，所以有必要在直译的基础上加注。这种直译加注法的优点在于“不仅保留了源语文化意象而且也传递出源语文化信息。这不仅能使文学创作重要手段之一的意象在译语中真实再现，也能让读者通过真实再现整体地理解源语文化氛围，以及文化意象在其中的民族特色和艺术效果。这无疑对跨文化交际和外国文学作品的鉴赏具有重要意义”。

（四）意译

有时候，由于文化的巨大差异，采取直译法无法准确传递原意，甚至会造成误读。因此，“归化”的策略和“意译”的手段就是很有必要的了。但需要强调的是，这个“意译”不仅要注重语义内容的流畅表达，而且要重视文化内涵的准确传递。前文的例 2 就是一个很好的例子。此处也再举一例：

例 7：In the country of the blind the one-eyed man is king.

参考译文：莫道个人多不幸，世有更加不幸人。

此句若直译为“盲人国里，独眼称王”，似乎也没有什么不妥。但是，却容易产生歧义，让人误解为“山中无老虎，猴子成霸王”之意。这句话的本意是：比起盲人来，独眼人就算是很幸运的人了。因此，为避免文化的误读，对这个英语谚语以采用意译策略为好。

在经济全球化以及伴随而来的跨文化交际蓬勃发展、世界各国之间的民族矛盾和利益冲突层出不穷的时代，打造和谐社会、和谐世界已成为人类社会可持续发展的客观要求，和谐理念已日渐深入人心。“和而不同”是和谐理念的核心价值观，也是不同国家、民族之间进行跨文化交际的指导思想和行动指南；跨文化翻译作为跨文化交际的重要途径，必须尊重源语、尊重异族文化，充分发挥翻译的文化传播功能。为此，在从事跨文化翻译之时，贯彻“忠实第一，创造第二”“内容第一，形式第二”的原则，采用“异化第一，归化第二”“直译第一，意译第二”的策略是较为正确的抉择。

第二节　跨文化交际视角下的中医隐喻翻译原则

中医文化是我国传统文化的精髓，中医文化有一个重要的特点，就是“取象比类”，而“取象比类”在现代语言中就是隐喻。隐喻作为一种普遍存在的文化特征，不但存在于语言中，而且在日常生活的思维与行动中也无处不在。中医语言是中医文化的高度浓缩，它包含了大量的中医基础理论与中医实践经验，其内容复杂难懂，各种专业中医名词层出不穷。中医翻译尚处于萌芽阶段，由于中医独特的理论体系、深奥的词句、复杂多变的隐喻现象，中医翻译的难度不断增加。因为没有相应的翻译标准可借鉴，导致国内外中医作品的翻译质量参差不齐。

随着中国在国际中的地位越来越高，中医作为我国的非物质文化遗产，逐渐在世界的舞台上发光发热，受到国内外各方人士的关注。随着中医迈向国际化，单纯的汉语言已不能满足世界人民的需求，中医需要被翻译为各种语言文字。通过对中医文化国际传播隐喻翻译原则的探究，在跨文化交际的视角下，推动中医文化的传播事业，有利于促进中医文化向世界传播。

一、跨文化交际视角下中医的隐喻性特征

所谓隐喻，简单地说就是语言概念的转换，由一种事物的发生暗示与另一种事物的形象转换而成。隐喻的表现通常存在于我们表达的语言思维当中。作为一种普遍存在于我们语言与思维中的修辞手法，它通过感知对事物的暗示，联想到事物的相关信息，理解事物的本质，将人的语言、心理、文化作出深入的剖析。通过隐喻等方式来进行身心交流，达到我们想要的结果。中医语言存在大量隐喻现象，同时也是跨文化交际下中医翻译的一个难题。而中医语言上的隐喻有着“取象比类”的特殊性质。我们常见的隐喻有方位隐喻、实体隐喻、人像隐喻这三种类型。方位隐喻是中医隐喻翻译中最简单的隐喻，它与一般的方位词大致相同，但数量上比一般的方位词还要少。实体隐喻是将中医的一些症状用生活中的一些物质进行贴切的形容。人体隐喻是将中医的一些关系与功能与人与人之间的关系进行生动的联系，以此解释人体部位的关系与功能。

二、跨文化交际视角下中医的翻译现状

（一）中医语言复杂

中医语言主要是由中国传统文言文构成，语言十分深奥，富有隐喻性，语言描述十分抽象，具有一定的哲理性，种种原因使得中医语言难以被理解。深奥难懂的语句，让翻译的难度加大。首先，中医的术语翻译较为混乱。除了少数的翻译比较精准之外，其他术语的翻译相对缺乏统一规范。翻译著作的混乱，令我们难以理解其意思。其次，翻译的词语较为冗长。通常来说，当中医语言翻译成英文时，通常把一个词的意思翻译成很多词意，这样不但使语句过于冗长，还会给人造成混乱的感觉。造成这样的原因是译者本身对这些名词缺乏专业的认知，翻译时当作解释来理解的。再次，词语所表达的意思不明确。在中医语言翻译中，有些词语在特定的语境情境中，它所表示的寓意是不同的，这就需要翻译者的细心和耐心。但往往在译成英文时，由于译者的不仔细，导致译文中所要表达的意思和原文不同，令读者看得云里雾里。造成这样的原因是译者本身缺乏中医基础理论知识，无法真正理解其中的含义所致。

（二）中医隐喻文化英译存在困难

人类的语言与文化是息息相关的，文化是语言的地基，而语言是文化的楼层。语言和文化是相辅相成的，要想让隐喻文化走向世界，中西方文化翻译质量的优劣就显得尤为重要。相同形态下所产生的文化，大家都可以理解，由于中西方文化在意识形态、思维方式、价值取向、风俗习惯、社会形态都存在差异，所以中英翻译面临诸多困难是较大。我们熟知，隐喻语言是用我们平常所熟悉的事物来比拟与其相似关系事务的用语，要让中医隐喻

文化走入世界医学视线，就要保证其翻译的生动、具体、准确、恰当、文雅。因此在中译英的过程中，译者要灵活运用各种策略来保证隐喻文化的科学性，获得最佳的结果。

（三）缺乏高层人才

翻译作为桥梁，须配备有高素质的专业人才，但目前我国的翻译人才现实情况不容乐观，文化交流的翻译人才的缺乏已成为制约我国中医文化的瓶颈，中医翻译的错译和乱译现象非常严重，这阻碍了我国中医文化的传播步伐。在中医翻译领域，一方面，翻译者的中医基础知识薄弱，翻译的著作信息存在失真问题；另一方面，由于专业中医人才的外语水平有限，使中西医交流陷入困境。因此，要想让中医隐喻文化走入世界，就要培养众多高端翻译人才。现阶段是机会与挑战并存，翻译者应把握机遇，顺势而为，把中医隐喻的文化传播出去，努力完成这一重大的使命。

三、跨文化交际视角下中医的隐喻翻译原则

（一）接受性原则

翻译是文化沟通的传播途径，是中西方文化交流的桥梁。简而言之，翻译是把一种文化译成另一种文化，是以通俗易懂的形式表达出来的文化。要想让读者接受你所要表述的信息，就要站在读者的角度去考虑问题，站在读者的立场去思考问题，要关注你所表述的信息是否能让读者明白，你所阐述的文化观点是否适应世界文化传播的理念，是否得到受众群体的认可，是否达到你想要预期的效果。这些问题的思考方向是翻译里比较注重的，因为只有清晰地认识到这些问题，才能更好地传递出正确的信息。中医翻译者要实现传播中医文化的使命，就是要让读者准确接收有效的信息，注重读者的心理需求，契合读者的思维观念，让中医文化传播行之有效。

（二）增补性原则

增补从字面上可以理解为是和词汇量有关的，是增加和补充。不仅是中医书籍，就是我们平常的一些文献也都要进行修补。我们通常看到医学书籍，有些描述的概念是比较模糊的，具体描述事物是比较抽象化的，这无疑让翻译难度加大，再加上中医疾病方面的有些诊断用词具有特殊性，使翻译难上艰难。这种词汇在英语中的缺失历来是翻译的难点，因而词汇的增加和补充就显得尤为重要，它关系到翻译质量的优劣，会影响到译者传播隐喻文化的正确性。

（三）变通性原则

“一词多义”是语言中的常见现象。通常在一篇文章里有些词涵盖的词义是不同的。翻译文中一词须通过分析该词在文中的承上启下语境表达该词词义。译者在翻译时既要重视掌握词的本义，更要注意此所处的语境分析，灵活处理其所处语境中的含义。若对一词多义理解有误，就会影响所要表达的整体思想。

（四）对应性原则

中医隐喻翻译中词语对应和意义对等一样。虽然意义对等在翻译中占据主导地位，但词语对等在翻译中也存在。词语对等有时候所表现的只是一种现象，有时也是文章最后的结果，但通过这样的形式所表达的也是文章的内容。意义对等虽是翻译中所想所得的结果，但是在此期间，它一定会出现词语对等中的各种特殊词汇。对应性原则有利于翻译者传递较为准确的信息，快速地掌握其中的含义；有利于译者掌握原本信息，使得信息保持完整；有利于提高作品的质量，限制乱译的现象发生。当然这所有的前提是在不影响信息再现为基础的情况下所使用的原则。

（五）含蓄性原则

翻译的任务是彼此之间相互沟通理解，而不是用译者的言语去误导他人。译者要让一种文化传播到另外一个地方，是需要时间的事情，需要把握好尺度，了解读者的需求，多换位思考，含蓄一点才更有利于文化的传播。反之则会平添麻烦，让别国误解我们，产生不良影响。所以译者在翻译中应力求简单明了，减少陈腔俗调，准确表达所要传递的信息。

（六）自然性原则

中西方的医学体系虽然有很多不同之处，但相类似的词汇和概念依然很多，译者在翻译时应该选择最贴切、最自然的译语来概括，这样不但保证它的科学性，还能保证它的自然性。不可因为是中医的独特性而反对西医概念。

（七）简洁性原则

如上所述，中医语言的一大特色就是简单明了，译者的译文也应该简单明了。但是现实情况并非如此，我国的中医翻译大多采用的是意译法，解释较多，让人很难理解和接受，而且译语的信息性也大大降低。因此，可以采用原文词的实词对等翻译译文实词的办法，规范译文信息。

（八）民族性原则

中医与其他不同类别的医学虽然也有相同的功能，但是由于中医的独特性能，它在运用上与其他医学有很多不同之处。就文化特性而言，中医具有鲜明的民族性。在中西医交流中，中医文化传播是非常有限度的，双方语言中医用对等词汇很少，故中医文化传播既要保持中国文化特色，又要创新发展中医文化传播翻译。

（九）规定性原则

当一个词的内涵在中西方医学上趋于对等时，我们需要对该词进行规定，使它不能有别的解释，这样做的主要目的是让中西方医学上的译语内涵和源语达到一个相对完整的概念对等，使约束变成习惯。

随着我国综合国力的日益提高，对外交流日益频繁，而交流意味着文化传播，文化传播需要借助于翻译作为桥梁。传播文化是我们面向世界的窗口，也是发展我国的重要途径。

就目前而言，中医的翻译没有统一的标准，缺乏相关的理论材料，基础研究较为薄弱。而中医深邃的语言又为中译英带来了困难。因此，在中医隐喻翻译下，需要遵循接受性原则、增补性原则、变通性原则、对应性原则、含蓄性原则、自然性原则、简洁性原则、民族性原则、规定性原则等，这样才能更好地传播中医文化。

第三节　跨文化交流中的外事翻译原则

外事翻译主要是向对方传达国家、政府的政治立场和态度，因而是一项十分重要又非常严肃的工作。为了正确传达思想，译员在外事翻译中要保持高度的政治敏锐性，注重翻译的政治性和时代性。

随着改革开放的不断深入，对外经济、科技、文化等的交流日益扩大。因此，外事翻译必不可少。外事翻译的主要任务是担任我国领导人出访或外国领导人来访时双方或多方谈判、会谈、交谈时的现场翻译，在各种场合的讲话或参观访问时的介绍等即席翻译。作为一名翻译，参与对外活动时，不仅要有坚定的政治立场，更应该时刻注意保持高度的政治敏锐性。译员如何培养高度的政治敏锐性，有以下三种途径可以参考。

一、培养高度的政治敏锐性

（一）增强爱国情感，坚定政治方向

外事翻译工作是一项政治性、原则性都很强的工作，不但涉及维护国家主权和利益，还涉及外交关系。所以，外事翻译人员一定要始终保持强烈的爱国热情，具有坚定正确的政治方向，以维护国家主权和国家利益。

（二）及时掌握国际国内形势变化，认真分析政治热点问题

外事翻译人员要坚持用宽广的眼界观察世界，提高科学判断国际形势的能力和战略思维的水平，做到审时度势、因势利导、内外兼顾、趋利避害，这些是外事翻译人员应当具备的重要能力。

（三）坚定政治立场，不能有丝毫大意

外事翻译代表着国家的对外形象，有着不同于其他翻译的特定要求，正如周恩来总理曾说过的“外交人员是不穿军装的解放军”。外事翻译者要有坚定的政治立场，要符合国家政治和政策的原则，在翻译时反映国家的立场、政策和态度，不能有丝毫大意。

二、外事翻译的原则

（一）政治性

外事翻译是政治性的翻译，译文除要严格忠实于原文外，在选择词语和句式时，要仔细推敲，准确表达原文的立场和态度。也就是说，外事翻译要做到文字和思想的统一。对重要的词特别是涉及领土主权、重大国家利益的词语，要保持清醒的头脑，掌握好分寸。不仅要译出词的字面意思，而且要表达出原文的深刻内涵。

例如：经验证明，关起门来搞建设是不能成功的，中国的发展离不开世界。

Our experience shows that China cannot rebuild itself with the door closed to the outside world and that it cannot develop without the help of other nations.

译文用了“help”一词，语气有些重，不符合原文口气，这与我们强调的“自力更生”原则相矛盾。因此改译为：Our experience shows that China cannot rebuild itself with the door closed to the outside world and that it cannot develop in isolation from the rest of the world.

（二）时代性

随着时代的发展，有些词语的意思已经发生了变化。所以，在翻译有关历史事时时，翻译人员对于一些不合时宜的词要及时纠正。与此同时，中国正在发生着举世瞩目的变化，因此带有中国特色的词汇不断涌现，在英文里找不到相应的词和词组，如机构和部门名称、文章或古文、诗词和对联等，常常要求在有限的时间内译出，这对翻译的要求是极高的。因此，国家的翻译政策也是非常值得关注的。

1. 旧词新用法

例如：进一步落实党的政策，坚持和完善民族区域自治制度，发展平等、团结、互助的民族关系。

译文：We need to make future efforts to implement the Party's policy on ethnic affairs, adhere to and build on the system of regional autonomy of ethnic minorities and develop socialist ethnic relationship characterized by equality, unity and mutual assistance.

“民族”一词，在20世纪50年代至20世纪80年代初期一直沿用苏联的用法，把“民族”译成“nationality”。因此就有了“中国各族人民 the Chinese people of all nationalities”“各少数民族 the minority nationalities”“党的民族政策 the Party's nationalities policy”“多民族的国家 the multination state”的译法。

实际上“nationality”的含义在第二次世界大战后已经有了变化，该词不再指少数民族的“民族”，而更多的是指“国籍”。在国外人类学的文献中“民族”一词的表述是“ethnic group or community”。“Nationality”除了指“国籍”和“民族”外，还有“国民”和“国家”的意思，有时可与“nation”通用。如果将“民族”译为“nationality”，就很容易引起误解。上句则是根据这个考虑，将“民族”的翻译做了相应改动。但并不意味着所有的

"民族"都译为"ethnic group"，要根据其上下文进行判断。如果指的是整个中华民族的团结，就应译为"national unity or unity of the Chinese nation"；如果指的是各民族之间的团结，则应译为"unity among ethnic groups"。

2. 具有中国特色的词语

原文：我们应该把依法治国和以德治国结合起来。

译文：We need to govern the country by combining the rule of law and the rule of virtue.

"以德治国"是新的提法，英译文应与中文一样的言简意赅，形式上也应与"依法治国"对称，因此采用"the rule of virtue"的译法。

3. 古诗词、对联的翻译

如果文中出现古语、诗词和对联，首先要领会它的内涵，同时在表达时还要考虑语句的对称，甚至于是否押韵。

2010 年 3 月 14 日，温总理记者招待会上的现场女翻译因为准确无误地翻译了温总理即兴引用的古诗文而轰动一时。

原文：亦余心之所善兮，虽九死其犹未悔。

译文：For the ideal that I hold dear to my heart, I'd not regret a thousand times to die.

译文直译：我遵从我内心的想法，即使要死千万次我也不会后悔。

"九死"翻译成"thousand times"（上千次），很地道。"上千次"极大地表现了原文的意思。

对于古诗词的翻译，要求翻译人员不仅有娴熟的英语翻译技巧，还要有深厚的中文功底。要让国外人士读来上口、顺耳，达到"三美"，即"音美、形美、意美"（the three beauties: beauty in sound, beauty in form and beauty in meaning）的效果。

作为 21 世纪的强势语言与文化，我们自信但不自大，理解自己文化的优缺点，一方面是有计划地对外输出本国文化，塑造良好的国际形象，努力和异文化沟通交流；另一方面理解自己的短绌，借翻译取长补短，引进异文化与科技，丰富本地文化。因此，保持开放的心胸，维护多种语言和多元文化，尊重不同的声音，是外事翻译应该努力的方向。

第四节　跨文化视角下的翻译合作原则

会话成功与否在于会话的参与者是否遵守合作原则，即会话准则。翻译这种跨文化交际与合作原则关系密切，在翻译过程中，译者必须注意遵守原文作者和目标文化的合作原则，努力促使跨文化交际成功实现。

翻译（translation）是语言活动的重要组成部分，是指把一种语言或语言变体的内容变为另外一种语言或语言变体的过程或结果，或者说把一种语言材料构成的文本用另一种语言准确而完整地再现出来。孙致礼在《新编英汉翻译教程》中对翻译这样定义：翻译是把一种语言表达的意思用另外一种语言传达出来，达到沟通思想情感、传播文化知识、促进社会文明，特别是推动译语文化繁荣昌盛的目的。

翻译有两个需要，即理解的需要和表达的需要。一位法国译者说："翻译就是理解和使人理解。"翻译的过程就是译者理解原文，并把这种理解恰当地传递给读者的过程。理解是表达的基础，表达是理解的目的和结果。表达是翻译过程的第二步，是实现由源语到译语信息转换的关键。表达取决于对源语的理解程度和译者驾驭译语的能力。中西社会文化的差异必然造成中西方人在逻辑思维和语言表达上的巨大差异。为此，译者在翻译过程中必须充分考虑译文读者的知识面貌、文化背景、思维习惯和阅读习惯，即应遵循一定的原则，帮助译文读者尽可能轻松顺利地阅读、理解和接受译文的表达方式、内容实质乃至精神内涵，即原文的核心意义。

一、翻译与合作原则

"合作原则"一指语用学的"合作原则"，又指译者与他的交际对象之间的合作原则。语言哲学家格莱斯提出的"合作原则"是语用学的理论核心，包含四种"会话准则"，即量的准则、质的准则、关系准则、方式准则，是判断话语是否遵守交际原则的基础。遵守合作原则的，话语意在言内；故意不遵守合作原则的，便产生"蕴含"，话语意在言外。

合作原则与翻译的关系密切。语用学认为，交际行为要求交际参与者的合作，即要求话语的发出者必须使自己的话语能被接受者听懂，那么他就必须对自己和接受者的共有知识做出判断，并在交际过程中不断地调整说话的策略。翻译是一个双重的交际行为：译者作为读者与原文交际；译者作为二度作者与读者交际。在这个双重交际过程中，作为接受者/读者，译者必须尽可能理解作者对合作原则的遵守和违反；而作为发出者/二度作者，译者必须从理解翻译的角度努力让目标读者尽可能领略到原作者和读者之间的"会话"。同时，他必须对目标文化的合作原则了然于心，并据此对原文的语用策略做出积极的反应，使译文既能准确地反映出原文话语和语境之间的关系，又不至于使这种反映超越目标文化的语言容忍限度。翻译的美在于译者对格莱斯所提出的"合作原则"即四种会话准则的使用，在对这些准则的遵守和违反的交际行为中，创造翻译之美。

二、量的准则

格莱斯对量的准则的定义是：说出的话要尽可能包含所需的信息（符合当下的交际目的）；说出的话不要包含超过所需的信息量。对于一个译者而言，这个准则可以解读为：译出的话要尽可能包含原文的信息（符合当下的交际目的）；译出的话不要包含超过原文的信息量。

就翻译而言，译者作为作者的代言人，理应遵守的是作者对合作原则的使用方式，译文的信息量在原则上应该是不多不少，既不做超额翻译，又不做欠额翻译。但由于语言和文化差异的客观存在，特别是为了达到特定交际目的的需要，译者必须采取一些变通的手段。从目的论的角度出发，无论作者怎么处置原文，只要达到了译者的目的，就算是成功的。在一定的目的的促动下，对原文信息的增删有时会起到美化原文的作用。如：

But I ought to forgive you, for you knew not what you did: *while rending my heart-strings, you thought you were only uprooting my bad propensities*.

译文 1：但是，我还是原谅你，因为你并不知道你干了什么。（长春版《简·爱》）此译文把斜体部分都删除了，这样的欠额翻译是消极的，使得童年简·爱和她舅妈之间的矛盾失去了一个总结性的归纳，是不值得肯定和提倡的。

译文 2：但我应当原谅你，因为你并不明白自己干了些什么，明明是在割断我的心弦，却以为无非是根除我的恶习。（译林版《简·爱》）此译文将斜体部分翻译出来，一语道破了简·爱和她舅妈之间的矛盾所在。

三、质的准则

格莱斯对质的准则的定义是：尽量要让你说的话是真实的，尤其是不要说你认为是错的话，不要说没有确切根据的话。质的准则，其实就是说真话的准则。但译者不同于日常会话中的说话人，严格地说，译者代表的不是他自己，而是原文的作者，代表原作者与目标读者进行交流。用质的准则来要求译者，即要求他不要说他“认为是错的话”，或者是“没有确切依据的话”。然而，在具体的翻译实践中，经常发现译者明知有错，却将错就错，如林纾的翻译。因为当时的翻译策略有其文化和认知两个方面的理论依据。在翻译中遵循质的标准，实际上就是要求译者首先有较强的理解能力，从而把原文的真实如实地告诉读者。这是大多数译者的共同目标，也是一个良好的愿望，其与译者的翻译能力直接关联。如：

November, December and half of January passed away.Christmas and the New Year had been celebrated at Gatshead with the usual festival cheer.

译文：十一月、十二月和半个正月都过去了。圣诞节和新年，在盖茨海德和往年一样，欢欢喜喜庆祝过了。（上海译文版《简·爱》）在英国的文化语境中植入“正月”，意味着把整个小说的时间体系调整到农历上。在同一部译作的另一个地方将 January 翻译成“一月”，导致小说的整个时间体系就被打乱了，违背了连贯的原则，语篇内连贯的失衡导致语篇外连贯的困惑。再如：

And the final stage, we could say, is the"home"stage where people begin to feel at home, enjoy living in that foreign country.

译文：最后一个阶段，我们可以说，是“如归故里”阶段，人们开始不再有陌生感，开始享受在那个世界的生活。此译文明显的失误就是把“country”译成“世界”。这句的主题内容是说在异国他乡的生活感受，主题展开的方式是把“异国”与“故里”做比较，突出的是不同国家之间的文化冲突。这里把“country”译成“世界”，使得“异国”与“故里”的冲突性对比变得模糊。此变通是没有根据的，因为这里不存在翻译困难。

翻译中存在三种违反质的准则的现象：消极的故意违反（没有积极的目的做依据，是不负责任的明知故犯，应坚决反对）、积极的故意违反（有积极的目的做依据，它的社会语用价值可以从社会学和历史学的角度来评价）、无意违反（是所有译者都不愿意做的，应努力克服）。作为一般的翻译原则，我们主张翻译要尊重作者、尊重读者，要以质取胜，不仅指表达的高质量，还指真实地体现原文的质。

四、关系准则

格莱斯对关系准则的定义是：要注意关联。每一个语篇成分都是被它所处的语境以某种关联的方式所定义的。翻译中，译者需要使每个语篇成分的意义与所有的语境发生关联互动，达到语境连贯的效果。如下面片段中的谚语：

For you, please？

Mr.Bloom pointed quickly.To catch up and walk behind her if she went slowly, behind her moving hams.Pleasant to see first things in the morning.Hurry up, damn it.Make hay while the sun shines.She stood outside the shop in sunlight and sauntered lazily to the right.

译文：您呢，要点儿什么?

布鲁姆先生赶紧指了指。要是他走得慢的话，还能追上去，跟在她那颤抖的火腿般的臀部后面走。大清早头一宗就饱了眼福。快点儿。太阳好，就晒草。她在店外的阳光下站了一会儿，就懒洋洋地朝右踱去。（译林版《尤利西斯》）

“Make hay while the sun shines”相当于汉语的成语“趁热打铁”。这个谚语与其所处的语境之间的关系是一目了然的，表现了“布鲁姆先生”急于要与那位姑娘搭讪套近乎的心情。但“太阳好，就晒草”没有把原文的关联性充分地表现出来，没有充分凸显谚语所包含的“趁机”“抓紧时机”的语义内涵和人物急迫的心情。人民文学出版社版《尤利西斯》“晒草得趁着太阳好呀”凸显了“趁”的语义轴心，似乎较为合理地沟通了这个句子与语境之间流畅的关联性。

五、方式准则

格莱斯对方式准则的定义是：要注意简洁，即语言表达要避免晦涩、歧义，要简练、有条理。对于翻译而言，方式准则首先要求译者能如实地体现原文对方式准则的把握尺度。译者的任务就是要尽可能真实地反映原文对方式准则的遵守和违反，原则上不应用简练来译啰唆，也不能以啰唆来译简练，以免破坏原文的文体价值。如下面两则译例：

例 1：所指定货物若能够办到，请速示知，以便即刻通告各方。

译文 1：In the event of your being able to execute the order at all, please advise us to that effect as specially as possible, so that we may acquire our correspondents with equal promptitude.

该翻译没有遵循简洁的原则，致使收信人难以理解其真实意图，故改译为：

译文 2：If you can complete the order, inform us as soon as possible please so that we can let our correspondents have the information at the earliest time.

同理，下面的英文应如此翻译：

例 2：We note with pleasure that you are sending us samples of imitation Fancy Earl Necklaces and Earrings, on receipt of which we shall examine some along with the price-list you have furnished us with, and if your designs are quite acceptable to our clients and price competitive, we shall immediately pass on our orders.

译文：获悉贵公司向鄙公司寄来仿珠宝首饰、耳饰样品，甚喜。样品到后，我们将查看样品并对照已收到的价格表。如我公司客户接受贵公司的产品设计，同时贵公司的价格具有竞争性，鄙公司将立即订货。

在翻译中，把明晰译成含糊是对方式准则的违反，而把含糊译成明晰同样是对方式准则的违反。如果不是文学作品，那么语言表达一般都是遵守方式准则的。翻译时，译者应根据原文的语篇类型及其交际目的，用目标语中具有同等交际价值和文体价值的方式来体现原文。在翻译这种跨文化交际中，方式准则中的“要避免歧义”要特别引起注意，不能因为追求字面意义或语音对应而引发歧义。

语篇对方式准则是遵守还是违反往往会形成不同的文体特征，具有不同的语用和文体价值。在翻译中，译者应在保留原文信息内容不变的情况下，尽量保留原文对方式准则的遵守或违反，重构原文的整体效果。

翻译是一种交际行为。译者一方面作为接受者与原文交际，或者说通过原文与作者交际，另一方面作为发出者或作者与译文读者交际，因此译者的交际原则同样具有两重性。作为接受者，他要假定作者是遵循总的合作原则的，无论对四项会话准则是遵守还是违反，都得在这个总的原则之下，即在解读原文时，要试图从作者的视角看待语言表达的千变万化，并在翻译中尽可能地把这种变化再现出来，而不是用一成不变的语言风格应对这种千变万化。另外，译者又要与译文读者交际，这时他也是一个作者，要考虑与译文读者的交际关系，把对原文的解读用译文读者可以接受的方式传达给他们，这是翻译行为真正的交际目的。因此译者的合作原则是有底线的，是读者取向的，是向着读者的。在明知某一表达方式直译后读者不可能接受的情况下，译者如果再坚持，就是对读者采取了不合作的态度。

语言表达可以“破常示译”，甚至可以走向极端，但不能超过那个极端。任何语言的任何范畴都是有其变异的限度的，蕴含之所以成为蕴含，是因为读者可以利用自身的知识推导出其中的言外之力；如果原文某一蕴含被翻译过来后，译文读者无法推导出其言外之力，那么这个交际行为是失败的。为此，对译者的一个建议是：译文初稿完成后，在投入使用之前，最好能多方征求意见，并认真对待所有的反馈意见。

第五节　跨文化视角下的新闻报刊翻译原则

新闻报刊翻译是一种跨国家、跨语言、跨文化的翻译活动。它的对象是目的语国家或地区的读者，其目的是让他们了解新闻事件，懂得出发语新闻报道的观点，因此应该对新闻报刊翻译的原则加以研究。

一、信息传递

对于新闻翻译来说，应该遵循目的论所提出来的“功能＋忠诚”这一根本原则，针对新闻翻译，其功能是在译文环境中按照预定的方式运作，也就是新闻的根本作用是传递信息，而忠诚是指原文、原文作者、译者、译文还有译文读者之间的关系。原文作者撰写新闻的目的是什么，原文的效果又是怎样，译者在读到新闻后怎么理解原文新闻，又是怎样翻译的，达到的翻译效果是什么样的，译文的读者是怎样接收新闻信息的，这都是关乎忠诚的重要环节。

新闻翻译的责任重大，新闻的目的就是传递信息，如果信息传递错误就会引起很大麻烦，尤其是对于外文的新闻传递，如果翻译错误，校对、编辑没有发现译文错误，就会把错误的信息传递出去，这样就会导致译文受众收到错误信息，引起很大麻烦，并且会降低本国媒体的可信度，这样的后果是不堪设想的。由此可见，翻译新闻的责任很大，我们不但要对本国新闻媒体负责，更要对译文的受众负责，只有这样才能保障新闻译文的质量。

二、信息可信度

新闻受众是非常在意新闻消息的可信度的。重视它的真实性是新闻消息传播的根本前提。一般情况下，新闻翻译是不同于其他文体翻译的，尤其是不同于我们常见的文学翻译，作为文学翻译的译者，在翻译的过程中要对原著心存敬意，并要忠实于原著，无论是前言还是各章节，都要最大限度地遵循原著的节奏。但是，新闻译者的随意性更强，他可以根据受众的需要对原文信息进行重新塑造、编辑、合成、转化等，其中包括可以根据受众的情况更改标题、重新组织导语、加大新闻文化背景的知识，甚至可以重新编排各段落的顺序，来方便译文受众的理解。这种翻译过程改变了原著作者和译者在传统翻译过程中的关系，是一种忠诚的关系。虽然译者可以对原文进行一定程度的主观改变，但是这样的改变是有前提的，不可以歪曲原文的意图，还是以传递准确信息为宗旨。

三、跨文化信息对等

新闻的翻译过程不是信息的简单传递，也不是简单的字面上的对等翻译，它包括在翻译过程中的信息对等功能，是一种很大程度上的跨文化交际。比如，各个国家的国情不同，从国家体制到社会习俗，从社会生活到生活细节，新闻翻译工作者都要熟悉，这些内容是在翻译过程中时时会遇到的。我们在读原文新闻的时候经常会读到“foreign minister”，读到之后的第一个反应是“外交部部长”，然而美国要翻译成“国务卿”，英国要翻译成“外交大臣”，日本要翻译成“外相”，由此可见，对于不同国家，要按照不同的标准对译文进行调整，选择不同的词语。在新闻翻译的过程当中，会有潜在的价值体系体现在译文当中，与此同时，还要考虑到新闻的功能性，也就是说，新闻的译文对于异国的受众来说依旧是新闻。

新闻报道者对新闻的报道是有不同角度、立场和出发点的，其对事件的理解和评价会受到其文化意识形态的影响，所以在信息传达的内容之外还有其政治内涵的传递，因此这就要求新闻译者熟悉事件所在国的政治、经济、文化等，正确识别原稿件的政治含义，准确把握某些词汇在特定语境中的含义和本民族文化含义的共性和差异，把它们准确而又恰当地反映出来。

国际新闻中信息内容多种多样，它们的社会功能也各不相同。因此，国际新闻翻译人员在选择翻译信息时必须是多层次的，不仅要满足所在媒体的编辑方针和意识形态立场，而且还要认识到原文和译文在文化上的差异，这样才能确保新闻译文的真实性和可信度，在内容和功能上尽量获得不同层次受众的认可。

第六节　跨文化交际视角下的商业广告翻译创造性原则

广告翻译与跨文化交际密切相关。本节从跨文化交际角度看商业广告翻译中的创造性原则，从理论和实际方面说明创造性原则的必要性，采用文本分析和对比分析的方法着重探讨了创造性原则在商业广告翻译中的具体运用。

“广告”即广而告之，最早源于拉丁语“advertere”，指“唤起大众对某种事物的注意，并诱导在一定方向所使用的一种手段”。商业广告翻译是一种跨文化交际活动，并有着明确的商业目的。商业广告译文本身也是广告，它必须具有广告特征和属性。而广告译本能否为目标语消费者所接受必然涉及目标语文化。目标语文化是广告翻译中不得不慎重考虑和尊重的因素。完全依靠传统的直译或意译并不能很好地进行广告翻译。由于各民族各地区的文化、风俗习惯、审美情趣、价值观等存在差异，再加上一些概念很难在另一种不同的文化中找到对等物，在这种情况下创造性原则为跨文化交际下的广告翻译提供了新的思路。何谓创译原则？顾名思义，就是指基本脱离了翻译范畴而重新创造的过程。创译原则指导下的翻译往往具有创意性，译者可以根据需要，灵活变通，甚至打破译文同原文在词义、语义和风格上要对等起来的限制，通过“意译”“扩译”等策略和手段进行翻译创作，这在广告翻译中是屡见不鲜的。在使用创造性原则时必须适度把握。有的广告语可以扩译，有的需要语义的延伸，有的需要一定的删减。

一、创造性原则的必要性

广告关系到公司的市场战略、产品推广和企业形象。一则成功的广告应达到“AIDMA法则”的要求，即注意（Attention）、兴趣（Interest）、欲望（Desire）、记忆（Memory）、行动（Action）。而商务广告翻译也是一则广告，也应遵守这些法则，以求在目标语文化中实现广告的效果。在这类翻译中，根据奈达的动态对等理论，“人们并不那么关注接受语信息和源语信息的一致，而更关注动态的关系，即接受者和信息之间的关系应该和源语接受者和原文信息之间关系相同”。纽马克的交际理论也强调“译者试图在目标语读者身上，产生与原文在源语读者身上所产生的相同的效果”。因此，商业广告的翻译不应局限于对文本的忠实，而是考虑目标语消费者的接受效果。为实现良好的接受效果，有必要对商业广告进行创造性翻译。奈达的“动态对等”和纽马克的“交际理论”为创造性原则提供了理论依据。实际上，由于源语与目标语消费者在民族文化、风俗习惯、历史背景、价值观、审美观等方面存在不同，为迎合目标语消费者心理，有必要对源语广告进行创造性翻译。总之，从跨文化角度看，广告翻译的过程不是单纯的复制过程，而是根据受众所在的民族文化、风俗习惯等实际需要进行“改造”与“再创造”的过程。以上从理论和实际两方面说明了创造性原则的必要性。

二、创造性原则在商业广告翻译中的运用

商业广告翻译是一门艺术，是一种带有明确商业目的的跨文化交际活动。适当的创造性翻译，能使广告译本充满目标语民族特色，迎合目标语消费者的文化审美情趣，并最终使该产品成功地在异国他乡推广。例如：本品采用鄂州梁子湖鲜嫩芽茶叶精制而成，色绿香高，味醇形美，能清肝明目，养颜健体，减肥益气，生津化痰，是老少皆宜可四季常服的最佳饮料。这则广告中，诸如“清肝明目，养颜健体，减肥益气，生津化痰”这些中医理论词语本来就是中国独有的东西，一般的外国消费者很难理解这些中医理论。若按原文将这些功效忠实地翻译，“improving eyesight and removing heat from the liver, keeping beauty and fitness, helping lose weight and benefit qi, producing saliva and dissolving sputum.”这样翻译出来的问题是：第一，译文很长，违背了广告的简洁性原则。广告越长，目标受众注意力分散的可能越大。第二，广告的受众为普通大众。对于没有接触中医理论的人来说，他们很难理解这种茶的功效，对这些效果无法理解。第三，作为一种茶饮料，它的药用价值很难得到验证。为迎合国外消费者的文化心理，更好地让他们接受这种茶饮料，有必要对这则广告进行创造性翻译。

以下为这则广告的参考翻译：The Liangzihu Lake Green Tea is sourced from the finest leaves and produced in the strictest procedures.It comes alive with emerald green color, enchanting aroma and soothing rounded taste.Several cups a day will keep you refreshed and energetic from all day's work, and save you many of the consults with the doctor.

此翻译没有词对词地把原文全部翻译出来，也不是采用完全意译，而是创造性的翻译，突出此饮料能补充能量，使人神清气爽。译文的最后一句说免去看医生之苦，也说明了该饮料强身健体的作用。原文的最后一句“是老少皆宜可四季常服的最佳饮料”在译文中完全没体现。这是结合跨文化交际因素有意而为之。东西方的价值观不一样，西方崇尚个人主义，而中国强调集体主义。在西方，诸如“special for you”“meet your special needs”等广告语很流行。在国内，像“大家好，才是真的好”“用了都说好”“老少皆宜”这类随大众的广告语很普遍。在广告翻译中，有些译者往往忽视了东西方价值观上的差异，在对外广告中也极力推崇“男女老少皆宜”“大家都喜欢用”等，诸如下面这些明显具有中国特色的词屡见不鲜：“Be loved by all, suitable for men, women, and children”。其结果是，这样的广告词由于没有能突出产品的“uniqueness”，只能给消费者带来怀疑与观望，而不会让他们立即去购买，因为他们会觉得这种广告言过其实，不可相信。在翻译本段广告时，根据东西方不同的价值观及购买心理，对原文做了一些处理，删去了最后一句。运用创造性原则，译文简单明了地说明了该饮料的功效，迎合了国外大众消费者的需求。这样的创造性翻译考虑了跨文化交际，增强了该广告的表现力，更能吸引目标语受众的注意力。

类似的例子还有红罐凉茶王老吉的广告语“怕上火，喝王老吉”。“上火”一词也是中医的理论，在翻译这句广告时也必须考虑到文化差异。中医认为人和周围的环境有一种特殊的联系，“上火”是中医术语，意为人体阴阳失衡，内火旺盛。所谓的“火”是形容身体内某些热性的症状。而大多数崇尚西医的外国人就很难理解这种说法了。因此，对于这句话的翻译值得探讨，目前存在几种翻译。

（1）Afraid of heat, drink Wanglaoji!

（2）Afraid of getting inflamed, drink wanglaoji!

（3）A bottle of Wanglaoji keeps peeve away.

前两句的翻译很简洁，但对于中医“上火”的概念始终不是很贴切。第三句的翻译考虑到了目标语的习惯，套用了“An apple a day keeps doctors away”的句式。这句翻译进行了一定程度的创造性翻译，这样的广告语更容易被国外消费者记住。这里只是提供一个参考翻译，我们期待有更好的翻译。

在遇到跨文化交际广告语翻译时，采用适当的创造性原则进行翻译，能取得更好的宣传效果，并能促进消费者的购买行为。

再看两则英文广告的中文翻译，比如Maxwell咖啡的广告语“Good to the last drop”。中文的四字结构简单精炼，寓意深长。该广告考虑到中文的四字习惯，创造性地翻译成“滴滴香浓，意犹未尽”。这样的广告，巧妙地传达了原文的精髓，极易让人产生联想，调动人的味觉，喝上一口回味无穷，谁不想尝尝鲜呢。

另一则广告语“what we do, we do best.”这句广告语不是翻译成“我们做一行，做得最好”之类的，而是突出产品的优良品质，创造性地翻译成“我有我品质”。这句广告语简洁有力，充满个性与霸气。让消费者更愿意亲自体验一下该产品。以上四则广告的翻译很好地运用了创造性原则。

商业广告翻译是一种带有明确商业目的的跨文化交际。根据“动态对等”和“交际理论”，广告翻译是为了在受众群实现良好的广告效果，而不是对源语广告信息的忠实传递。由于源语与目标语在民族文化、风俗习惯、历史背景、思维方式、价值观、审美观等方面存在差异，再加上有些东西很难在目标语中找到对等物，创造性原则成为商业广告翻译的必要原则。在充分理解目标受众的语言文化、心理特征的前提下，把握好创造性原则的度，这样的广告翻译才能真正地达到广告的效果，为目标消费者所接受，并最终推进产品的销售。

第七节　跨文化语用学视角下的商务语篇翻译原则

商务语篇翻译旨在确保商务活动的顺利进行，圆满完成跨文化交际任务。以跨文化语用学为理论指导，对商务语篇翻译进行研究是一大突破。本节对跨文化语用学做了介绍，包括国内外学者对其概念的阐述和分类；阐述了商务语篇翻译的原则：以商务语篇为中心、以衔接连贯为手段、以跨文化交际为目的；从跨文化社会语用学、跨文化语用语言学、语际语用学分析了跨文化语用学指导商务翻译的可行性；提出了商务语篇翻译的对策：树立语篇意识、把握归化 / 异化尺度、遵循语用原则、立足跨文化交际。

截至 2016 年 4 月，全国已有 293 所高校设置了商务英语专业，在跨境贸易日益繁荣的背景下，商务英语受到越来越多的关注。商务翻译作为跨文化交流与沟通的桥梁，在商务英语学科中发挥着关键性作用。21 世纪以来，众多学者从不同角度对商务翻译进行了细致的研究，这些研究主要集中于对比中西方文化差异对商务翻译的影响。如章爱民分析了中西方商务语言在词汇、句法、语篇等方面的不同，提出了相应的翻译方法。贾晓雯讨论了中西地理环境、历史文化、宗教文化、风俗习惯的差异对商务翻译的影响，并提出了直译、意译、音译等翻译策略。虽然以往的研究取得了不少成果，但是研究角度过于单一，深度还需要加强。鉴于此，本节将用跨文化语用学指导商务翻译，打破以往只关注文化因素的局限，并以语篇为单位对商务翻译进行研究。

一、跨文化语用学简介

20世纪80年代，学者们开始关注语用学中的跨文化交际问题，跨文化语用学由此产生。语言学家优尔认为，跨文化语用学探讨不同文化背景的社团对意义建构方式的不同期待。何自然指出，跨文化语用学关注来自不同文化的人们进行交际时出现的语用失误。何兆熊则认为，跨文化语用学研究的重点是对比不同文化的交际活动。语言学家利奇指出，跨文化语用学研究人类交际功能的普适性和在不同文化背景中的差异性。各个研究者对跨文化语用学的理解各异，但归根结底，其研究本质是挖掘人们使用第二语言进行跨文化交际时呈现的各类语用问题并努力克服交际障碍。

一些学者将跨文化语用学分成了若干小类。何兆熊认为其包括以下三个方面：跨文化社会语用学、跨文化语用语言学和语际语用学。王建华将其分成三类：文化载体——语用手段方面、文化蕴涵——语用环境方面和文化策略——语用主体方面。

二、商务语篇翻译的原则

关于商务语篇的翻译原则，译界尚无定论。刘法公提出了商务翻译的三原则：忠实、准确、统一。李明认为，商务语篇翻译应遵循衔接和连贯的原则。衔接体现的是语篇结构上的关系，呈显性；连贯指语篇语义上的关系，呈隐形。但是中西方语言在衔接和连贯的手段上存在不同，这对译者是一大挑战。

在以往的研究基础上，笔者认为商务语篇翻译应遵循以商务语篇为中心，以衔接连贯为手段，以跨文化交际为目的的翻译原则。

（一）以商务语篇为中心

语篇常常由若干个句子组成，指特定语境中表达完整意义的片段。商务语篇翻译指译者在翻译过程中，把焦点从对字词的顺次翻译转为对具有完整意义的片段的翻译。为了达到商务语篇的翻译目标，进而实现贸易双方的合作共赢，商务语篇翻译需要译者首先对整个语篇的语境进行分析，把握全文的主旨，然后在明确全文主旨的前提下，突显出各个层级独特的翻译特点。最终用准确、通顺的译文把整个语篇的意义、观点等清晰地传达给读者。

（二）以衔接连贯为手段

从语篇层面看，中西两种语言在衔接和连贯手段上大不相同。有关衔接的手段主要有两种：词汇衔接手段和语法衔接手段。词汇衔接主要通过词语的同现和词语的复现来实现，语法衔接有省略、替代、照应和连接四种。连贯是一个非常复杂的语言学问题，它涉及语篇行文的整体性、逻辑性、思想性的统一。在商务语篇翻译中，顺应于原文的衔接和连贯有助于构建新的译文中的语篇。

（三）以跨文化交际为目的

商务翻译作为国际贸易顺利开展必不可少的环节，其本质是跨文化交际行为，具有跨文化传播的特点，比其他翻译更加注重跨文化交际的实用效果。商务翻译中的文化差异主要体现在如下三个方面：原文读者和译文读者所处的文化环境不同，对同一事物常常具有不同的态度，从而影响译者在商务翻译中的价值取向；语言特征和文化倾向的不同导致翻译过程中表达形式和风格的差异，进而带来认知上的偏差；目的读者接受心理的不同，也会造成自我评价的不确定性。总之，商务翻译过程中，译者不仅要考虑中外语言的不同特征，更要关注英汉不同的文化特点，遵循以目的读者接受的表达形式，达到成功跨文化交际的目的。

三、跨文化语用学对商务翻译指导的可行性

商务翻译包括贸易、经济、政治、生活等的各个方面，并借助电视、网络、书刊等渠道进行传播。除关注翻译的准确性和灵活性，商务翻译更加重视源语与目的语的文化差异，注重译语在译文读者中的文化意识形态方面的影响。由此可见，商务翻译与跨文化语用学密不可分，在跨文化语用学的指导下进行商务翻译，正确处理原文与译文的文化差异，具有极大的可行性。笔者以何兆熊对跨文化语用学的分类为依据，分别阐述每一类与商务翻译的关联性。

（一）跨文化社会语用学和商务翻译

跨文化社会语用学研究不同文化背景人们交际中所呈现的不同语用行为，涉及遵循合作原则、礼貌原则、言语行为理论等的差异。语用原则的差异要求商务翻译达到社交语用等效。作为一种等效翻译，社交语用等效的目的是服务于跨语言、跨文化的言语交际。要做到等效翻译，译者首先要对源语和目的语有深入的认识，对这两种语言的文化和社会背景有一个正确的把握，从而从文化和社会交际的视角去研究语言的使用，并照顾到译文的目标读者。

（二）跨文化语用学和商务翻译

跨文化语用学着重研究处在不同文化背景的人们交流时对语言行为的认识和传达的差异。如相同的语言行为在不同的文化中使用的频率和范围有所不同，表达同一语言行为使用的语言形式有所不同，以及人们是否能运用外语准确把握和传达该语言的语言行为等。

翻译离不开文化的制约，尤其是商务翻译中，需要充分考虑源语文化与译语文化的差异。商务翻译研究包括各种广告、信函、说明书、合同等实用文体的翻译，其译语读者主要是业务伙伴，主要目的是克服文化障碍，顺利达成交易。因此，对文化因素的处理是重中之重。译界针对翻译中文化因素的处理，一直争论不休，争论的焦点集中于该选择归化策略还是异化策略。归化要求译文以译语读者为归宿；异化的观点刚好相对，主张译文以源语文化为着眼点。笔者认为，归化和异化是互为补充的，二者并不矛盾。商务翻译要综合分析各种文化差异，采取合适的策略，既可选用让受众直接获取信息的归化策略，也可选用让受众真实感受异质文化的异化策略。

（三）语际语用学和商务翻译

语际语用学探讨以外语为中介语的人们在跨文化交际中如何进行外语语言交流，研究跨文化语境下语言的使用规律。语际语用学的研究包括四个层面：研究语境、文化差异以

及外语学习者对外语的理解和使用；研究语用失误及其解决方法、选词用句的合理性和外语学习者运用外语的表达效果；研究外语学习者的语用迁移，包括母语的语用迁移、社交语用迁移与语用失误和语用能力之间的关系；研究多元文化背景下，语言行为的合理性。语际语用学的研究要求商务翻译重视选词造句的适宜性，避免语用失误，发挥语用正迁移的作用的同时，努力克服语用负迁移的影响。

四、跨文化语用学视角下的商务语篇翻译对策

在商务语篇翻译原则的制约下和跨文化语用学的指导下，商务语篇翻译应从以下四个方面着手：

（一）树立语篇意识

语篇与语境和情景紧密相连，商务翻译应以语篇为单位。语篇是译文忠实、通顺的先决条件。在商务文本创作过程中，形成了与情景相称的语篇，特定词语的含义在上下文中已经确定。为了使商务翻译为受众所接受，需要使译语与目标读者的语言结构特点相一致。为实现这一目的，译者需要把握中西语言语篇结构和组织特点的差异，了解其背后所反映的不同民族思维方式，在翻译时进行合理的转换，从而达到理想的翻译效果。例如：Although it is possible to some extent to hedge against currency fluctuations by way of futures contract, forward planning is difficult when the prices of raw materials bought from abroad, or the price of your products in export markets, can rise or fall by 50% in only a few months. 本句的难点是“hedge against, futures contract”和“forward planning”三个短语的意义。只看本无法确定这三个短语的含义，必须将其置于整个语篇中去理解。从整篇文章看，作者在谈论的是期货交易和浮动汇率，这样一来，三个短语的含义就清晰了，即分别是套期保值、期货合同和远期规划。整句话翻译为“虽然通过期货合同可以在某种程度上为货币套期保值，避免波动，但是当从国外购买的原材料价格或者出口市场中产品的价格在短短几个月内上升或下跌 50% 时，远期规划是困难的”。

（二）把握归化 / 异化尺度

归化认为译文应趋同于译语和译语读者的文化，文化差异需要被消除；异化认为译文应留下源语文化的痕迹，让译语和译语读者认识并接受文化差异。归化和异化这两种翻译策略看似相互矛盾，实则密不可分：归化寓于异化之中，异化也离不开归化。笔者认为，商务翻译不论采取归化还是异化策略，都应遵守以下原则：异化的结果不能使译文读者一头雾水；归化的结果也不能让目的语读者认为源语中也存在具有相同文化特点的事物。例如，“开袋即食”，有的译文为“open the bag and eat promptly”。乍一看，译文采取的是异化策略，衔接和连贯都没有问题。但是“即食”在汉语里的意思是“食用方便”，并非“立刻食用”，翻译成“eat promptly”容易让外国人误解“如果不食用是否会变质？”再如，有些译者将“Shrug one's shoulders”译成“拂袖而去”，这是典型的归化的方法，但是会

让中国读者产生疑问“是否国外也有这一典故”。事实上，“拂袖而去”这一文化意象是中国独有的。上述过度归化的翻译方法明显是不合理的。

（三）遵循语用原则

语用原则主要涉及礼貌原则、合作原则、言语行为理论等。礼貌原则要求译者弄清中英表达礼貌方式的差异；合作原则在质、量、关联和方式四个方面对翻译作出了规定；言语行为理论要求翻译者透过语言文字本身发掘其言外之意，从而用直截了当或委婉的方式传达相同言外之意的译文。为了达到社交语用等效果，这些原则是译者在商务语篇翻译中必须考虑的因素。

例如：We thank you for your letter offering us 500 metric tons of the subject goods, However, we very much regret to state that we cannot accept the offer.

这是一封还盘信函开头的两句话，买方直截了当地表示无法接受报盘。但是翻译成汉语时应当注意，汉语中直接拒绝对方是非常不礼貌的行为，汉语习惯先罗列原因，然后自然而然得出“拒绝”这一结果。因此，为了让译文与汉语的礼貌习惯相一致，应调整原文的语序，把“However, we very much regret to state that we cannot accept the offer”放在信函最后译出。再如：“当前我们收入中超过 40% 的部分是由各级政府代表我们使用的”被翻译为“Currently, more than 40% of our income is disposed of on our behalf by governments at all levels.”译文并无语法错误，但会让译语读者产生疑问“政府如何使用人们的收入”。经分析发现，有必要把原文的言外之意表达出来，即“收入超过 40% 的部分作为税收交给政府了”。因此，只需在原译最后加上“in the form of tax”即可。

（四）立足跨文化交际

顺利完成跨文化交际是商务语篇翻译的最终目的。商务翻译过程中，在选取和运用翻译策略时，译者既要关注原文和译文语言形式的功能对等，也要注意到深层次的文化顺应。只有了解了英汉语言的文化差异，才能使译语实现译文文化语境和源语文化语境的动态顺应，最终达到商务沟通的目的。例如，蒙牛的广告语“只为点滴幸福”，在汉语里象征“美好、幸福”之意。其英文版本“little happiness matters”，却出现了失误，因为“little”是否定之意，表示“几乎没有”，给外国人感觉是“蒙牛并不关心顾客的幸福”，这样一来势必出现跨文化交际障碍。

商务翻译不仅是商务英语学科的核心，也是国际贸易成功进行的手段，跨文化语用学研究不同文化背景的人们交际时遇到的各种语用问题和相应的解决方法，二者密切相关。将跨文化语用学用于商务语篇翻译不仅丰富了该理论的内涵，而且为商务翻译实践提供了一个新颖的视角。商务翻译在遵循以语篇为中心、衔接、连贯原则的基础上，还应正确处理归化和异化的关系，遵守语用原则，最终实现成功的跨文化交际。

第五章　跨文化视角下的英语翻译研究

第一节　跨文化视角下英语翻译中对语境的关注

随着全球文化交流日益增强，对语言的社会性研究也越发深入。翻译作为一种跨文化活动的承载介质，自然更要强调语境在翻译过程中的作用。综合分析不同的语境，帮助翻译者正确理解内容，消除不确定现象。本节主要从语言语境、文化语境以及情景语境分析语境在英语翻译中所起的作用及其应用路径。

20 世纪 50 年代，语境的概念渗透到翻译行业中，翻译工作中最重要的就是要正确理解原文的意思，而翻译的第一步工作就是分析原文的语境，而不是拿着文章逐字逐句地对照翻译。如果不能事先很好地揣摩作者的思想感情，可能会使译文失去原文的意义和风采。因此，我们可以说语境在英语翻译中的作用是非常重要的，翻译者如果能够根据文章的语境来判断文化背景和作者的中心思想，就能为下面的翻译工作打下坚实的基础。

一、语境在英语翻译中的作用

（一）定义与阐释词义

英语的单词有成千上万个，我们不可能知道每个单词的确切意思，就好比中国人也认不全所有汉字一样，在这个时候就需要结合全文的语境去推测新词的意思。在英语阅读时，也可以借鉴这种推测方法来快速完成阅读。定义的作用，就是一些生僻的单词可以根据句子后面的定语来进行猜测，例如“The theory to come out of knietics, was suggested by professor Bird whistell, who suggested the body of movement.”意思是说“knietics”衍生出来的学说是“Bird whistell”，教师提出的“the study of body movement”，其中“knietics”的意思就可以从后面的人体运动学说中推测出来。阐释的作用就好比我们的汉英词典，作者会利用更简单的单词或者语句来解释生僻词的意思，通俗易懂。

（二）语句在互译中的专一性

单词存在异议性和多义性，这就决定了一个单词可能有好几种意思，这也与中国的汉字类同。在不同的语境中，单词的多义性可能会给翻译工作带来阻碍。如果作者不能正确地理解文章的语境，可能会出现错误。例如，“He is a hard man”中的“hard”有不容易对付的和勤劳的意思，仅仅从这句话中翻译者不好去判断；如果出现“He is a hard man to deal with”，那么翻译者就可以明确这里的“hard”是不易对付的意思。还有当一个单词出现在俚语或者俗语里面，也会有一定的歧义，例如“That's your business”，就翻译成“那是你的事”，而另外出现歧义的情况就是由于同音同形的不同词性造成的。

（三）影响词语的语言色彩

我们常说汉字是有魅力的，是丰富多彩的，在不同的语境下可以体现不同的感情色彩，而英语词汇在不同的语境下也可以体现出不同的感情色彩。就比如“Hey, Guys”和“Hello, Everybody”就体现了不同的感情色彩，前者偏向于轻松愉悦，而后者偏向于正式化。因此，我们可以得知语境在英语翻译中的作用只是将作者原本的感情通词语流露出来，从而使翻译者能够走进作者的内心世界，感受作者对于内容所赋予的附加价值。

三、语境在英语翻译中的应用路径

（一）语言语境与词汇选择

语言只是一种符号，如果失去了语境，那么语言就失去了意义，失去了色彩。我们所说的语言语境，通常指上下文联系，包括周边句子、段落、章节、整篇作品等。英国的语言学家曾经说过，每一个新的单词在一个新的语境当中就会被赋予一种新的含义，这也更好地阐释了词语如果离开了具体的语境，就是毫无意义的符号。就比如我们想表达“好”的意思，“好的天气”可以用“fine”，“好孩子”可以用“great”，“好丈夫”可以用“dutiful”，虽然每个单词不同，但是其表达的意思是一样的，同时也代表着各自不同的含义。因此，翻译者在翻译过程中要根据语境来取舍诸多词义，达到最准确最精确的效果。

（二）文化语境与词汇选择

翻译工作中肯定会发生文化之间的碰撞，因此作为一名优秀的翻译工作者，了解文化比掌握语言还要重要，语言是文化的产物，只有正确理解语言的文化背景才能真正地领悟语言的含义。就比如中西方生活文化的差异，一般在西方问好就是“Say hello”，而在中国则是问“你吃饭了吗”或者“你上哪儿去”，如果真的把它们翻译成“Do you have a meal?”或者“Where are you going?”就丧失了原话的意义和应酬功能，西方国家会认为这是一种打探别人隐私，是不礼貌的行为。所以，在翻译的时候应该用类似的语言功能进行转换，达到能够让人通俗易懂的目的。

（三）情景语境和词汇选择

每一个语言活动都会发生在特定的情景语境当中，同时也蕴含着特定的思想和感情，因此每一个词不仅仅是由语言因素来决定的，还与情景语境息息相关。就好比小说中描写主角闷闷不乐地去散心用“mope round”而不用“walk alone”，前者的意思是无精打采地游荡，后者的意思是独自行走。从情景语境中就可以看出“mope round”更贴切地表现了人物的无助感。

总而言之，语境在英语翻译中的作用是至关重要的，如果不能很好地分析翻译内容的语境，就会导致翻译的主题与原文有所偏差，失去原文的传播意义和风采。因此，这需要广大翻译工作者充实自身的文化素养，增强专业知识。

第二节　文化人类学的发展与跨文化视角下的翻译理论

文化人类学的重要任务之一是对异域文化的描写。因此，翻译问题始终是文化人类学研究的一个核心问题。民族志的撰写过程是对于异域文化的描述过程，也是一个翻译的过程。这种翻译不只是文本翻译，而是一种跨文化翻译。在全球化和跨文化的大背景之下，文化人类学翻译理论有了新的出发点。文化人类学视角下的跨文化翻译为新时期的翻译理论研究提供了新的素材，特别是对于后殖民主义翻译理论提供了理论依据。

文化人类学自诞生以来就一直对翻译问题充满兴趣。甚至可以说，文化人类学本身就是翻译科学，而且是跨文化的翻译学。跨文化翻译的核心问题始终贯穿着文化人类学和民族学各种理论方向的始终，已经超出了语言翻译的范畴，这是跨文化翻译与语言层面翻译研究的最大不同。文化人类学视角下的翻译是一种社会实践行为，同时也是跨文化交流的一种形式。它按照不同的社会文化关联性揭示了意义的多样性。文本层面的翻译研究在这里也获得了扩充其研究范围的基础。

文化人类学翻译的一个主要问题是把陌生文化，特别是欧洲以外的文化“译入”西方读者所熟悉的语言、经验范畴以及精神世界。同时还要保证陌生文化在西方自我阐释的主导思想下被理解，也就是说，按照西方自己的思维方式、象征和符号来理解。这一点正是美国文化人类学家克利福德·格尔茨所秉承的阐释文化人类学所提出的一个重要要求。文化人类学的研究过程是一个复杂的翻译工程，如果没有文化分析、阐释和建构，文化人类学研究就无从谈起。文化人类学研究中的翻译行为可以分为以下几个阶段：

第一阶段，20 世纪初，文化人类学进入了田野考察的实践阶段。因此，相关外语的学习和翻译就成为必不可少的前提条件。人类学家把许多口头表达的词汇和内容翻译成一种能够反映完整生活方式的表达，并从中重新构建出一种文化关联性。但存在的问题是他们无法把这种翻译回溯到某个特定的原始文本。

第二阶段，乡土概念和重新建构的文化联系经过翻译，成为民族志读者所熟悉的语言和表达方式。民族志学者对于异域文化进行的田野研究被翻译成专题性的文章。这样一来，民族志对一种当地文化的事件和习俗的内部描写，一方面需要把口头的表达翻译为书面的固定文本，这种要求成为文化人类学研究的一个挑战；另一方面，民族学必须是一种文化比较的科学，包含大量的比较性和分析性的概念，如亲属关系、权力结构、社会矛盾、等级制度等。这时就出现一个悖论，即在翻译异域文化的时候，必须用西方的概念来描述异域文化的本土性内容。

第三阶段，以特有的核心范畴“文化”为媒介的人类学蓬勃发展。文化人类学翻译被视为一种特别的文化实践，并与其认识论的大环境密不可分，如殖民主义、东方主义。由于历史上民族学与殖民主义一直紧密合作，因此文化翻译与权力的关系，至少是与文化不平等性紧密相连。

民族志翻译的多样性主要产生在下面几个转化阶段：把异域文化体验转化为文本的时候，把田野考察转化为专业著作的时候，从口语转化为书面语，把欧洲以外的异域思维方式转化为西方人熟悉的表达方式。在这一系列的转化之中，文化人类学翻译的实践和反思扩大了翻译的概念，即翻译从纯粹语言的转化过程演变为文化的转换过程，对于纯粹语言层面的翻译研究来说无疑扩大了研究的视野。文本翻译和语言翻译已不单单是词汇文字的翻译，它还包括与文化相关的思维方式、世界观和行为方式的翻译，并且能够区分文化差异。

一、民族语言学、田野考察与翻译

自 20 世纪 20 年代初，文化人类学研究的第一个阶段以来，翻译问题仍然来源于对于外来语言的经验研究，当时主要是对印第安语的研究。其中获得的人类语言学的知识在理论层面上与“萨丕尔—沃尔夫”假设紧密衔接，这就是所谓的语言相对论。按照该理论，不同的文化决定了不同的文化价值观及其对世界的体验。按照这种语言决定论和文化相对论，不同文化之间的翻译（至少是准确的翻译）是不可能的。20 世纪 60 年代以来，人类语言学向会话和交流的民族志方向发展，研究内容已不仅仅侧重于语言结构和语法，更多的是对语言的功能进行研究。并且在可比较功能的层面上突出可译性，并扩展到非语言因素。这种民族语言学的结构功能主义与英国社会人类学的观点非常类似，后者认为，翻译是民族学研究的重要活动，它通过田野考察中的“直接观察法”确立了自己的重要性。

文化翻译理论肇始于 20 世纪初的田野考察方法。田野考察最主要的方法是“直接观察法”。这种方法融合了个人体验与科学分析，仅仅依赖语言知识本身不足以理解一种文化。人类学家马林诺夫斯基曾详细论述了撰写民族志中出现的翻译问题，其出发点最早来源于对于异域文化语言表达和文本的语言学材料的分析。1935 年，马林诺夫斯基把他对于民族志翻译的思考写入了其著作《整体语境翻译》。其中，他创造了“意义语境区分理论”。该理论不仅考虑文化的整体语境（如道德观、美学观等），而且还考虑了与特定场景相符的情景语境（如词汇功能、会话行为等）。马林诺夫斯基认为，民族志撰写的核心难题是神秘话语的功能和它的仪式作用，对它们的解读必须依赖熟悉异域文化的知情者。他认为熟悉异域文化的知情者能够解释异域文化的各种神秘性问题。没有他们，神秘性便无从翻译。民族学翻译虽然是以源文化的语言为对象，但是“必须走出原住民语言的概念”，而且还得借助科学的概念和民族志与语言学的描述与评论。

马林诺夫斯基之后，爱德华·埃文斯-普里查德（Edward Evans-Pritchard）对于民族学翻译问题进行了进一步的研究。在他的研究当中，文化翻译成为核心概念。自20世纪50年代以来，它的运用为英国社会人类学的研究奠定了基础。社会人类学家通常致力于研究并不熟悉的文化。这一事实使他们不得不面对翻译的问题。因此，1971年出版的“埃文斯-普里查德纪念文集”被特意命名为《文化的翻译》。这个标题反映了埃文斯-普里查德对翻译问题的一个基本设想，即如何把不同的语言，特别是民族社会独特隐喻和思维方式的翻译成为了欧洲的语言和合理的想象。如埃文斯-普里查德在其著作《努尔人》中对苏丹努尔人语言的研究中发现，努尔人经常说“双胞胎是鸟”，这句话应该如何翻译？文化人类学翻译中的一个核心问题是宗教信仰概念的翻译。许多信仰概念只能用冗长的词汇进行翻译，即使成功地翻译了字面意义，也很难保证实际内容与源语文化相符。

对文化人类学翻译问题的另一个反思来自英国的社会人类学研究，它要求在翻译田野调查经验时一定要“语境化”。这一点特别在相对主义——理性论的讨论中明显地表现出来。在这次争论中专门讨论了文化人类学翻译的认识论基础，如异域文化思维方式是否可以翻译和理解，一个客观的、不依赖于语言的世界是否可以被客观反映出来，等等。这场争论旷日持久，其核心问题始终是外来文化翻译和理解对于语境的依赖性。它一方面涉及词汇翻译的语境化过程、分类（例如色彩的区分）以及如何包含异域文化的概念和行为方式。另一方面，这种语境化又不仅仅局限于词汇和语言转换过程。它要求译者要全面了解异域文化的思维方式和世界观。“我们要翻译的不是‘词汇’，而是要翻译一种认识世界的方法，这个世界是我们必须去理解和学习的。”因此，翻译不应只服务于片面的、欧洲中心主义的理解方式，而更应该促进文化间的交流。为此，克利福德特别列举了传教士的例子，如法国传教士和民族学者莫里斯·利恩哈特20世纪初在新喀里多尼亚传教时，所做的大量的翻译工作。

塔拉尔·阿萨德特别注意到这一点，并且对英国社会人类学的翻译观进行了长时间的探讨。如阿萨德曾经向英国人类学家欧内斯特·盖尔纳的观点提出挑战。盖尔纳曾多次指责功能主义社会人类学在翻译外国社会的话语时过于肯定和宽容，缺乏理性的批判和评价。由于语境阐释的方法和文化相对主义，外来思想被赋予了意义和关联性。英国人类学家和宗教学家戈弗雷·林哈德著作中就充分体现了这种文化翻译中的关联性原则。阿萨德认为，盖尔纳这种在人类学翻译中保持批判性距离的观点无助于研究分析异域思维结构，只是追随西方合理性、客观性和逻辑性的标准。因此，他质疑这种狭隘的翻译观。阿萨德认为，民族学翻译实践是一种存在于不平等社会之间的制度化的社会实践，民族学翻译本身受到权利结构和语言文化不平等性的影响。在他看来，这种保持距离的翻译论也受到语言不平等性的影响，这种不平等性主要体现在口语和书面语的差异以及第一世界和第三世界语言之间的权力落差。

二、"文化即文本"理论的反思

阿萨德的批判也适用于另一个文化社会学翻译反思的主要观点，即"文化即文本"。该观点主要由克利福德·格尔茨提出。文化社会学研究主要依赖的是在"文化即文本"的背景下对"原住民的观点"的翻译，也就是说，文化实践就像文本一样可以被阅读和翻译。异域文化只有具备文本的地位才能变得客观。这样，在远离主观判断的情况下，文化意义被记录下来，并且固定在意义和文化内部自我阐释的社会体系之中。文化是一种由社会以全体成员共同编织的意义之网，通过这张意义之网，人类行为不断被翻译为具有阐释作用的符号与象征。文化符号学认为，文化是一种符号体系和文本结构。这样的视野凸显出文化的可译性。但同时也出现了对于文化整体性的疑问：不是整个文化而是象征、仪式和实践作为文化的意义载体进入人们的视野。在它们之上建立了一种翻译策略，这种策略通过重要的部分阐释并反映了文化的整体性。在这个节点上，以文本为导向的阐释性的文化社会学与文学理论和翻译研究中的所谓"人类学转向"相会合。

在文化人类学的发展中，对语言的研究始终是其重要的组成部分。语言学家和人类学家罗杰·基欣曾经反思过文化人类学中文化翻译的危险性。他从隐喻翻译的知识论难题着手研究。他认为，由于人们在会话中借用其他概念来谈论自己的某个体验区域（如情感），因此所有文化中的日常会话均渗透着各种传统的隐喻。这种所谓"隐喻性会话的整体"会引发这样一个危险，即人类学家赋予了异域文化的日常会话以更大的意义。原本是一种异域文化中的隐喻意义的表达，却被这些人类学家们过度阐释，这样便会导致文本的误解，甚至是"误译"。如译者在翻译过程中用名词取代源语中的动词，这样一个充满动态与过程的世界就会被一个静态的实体世界所取代。或者译者把异域文化中丰富多彩的想象或观念仅仅局限在某个西方语言的概念之中。对文化翻译困难性的分析以及对于"异域文化概念"可译性的质疑已经远远超出了自身的范畴。它们同时还扩大了文化人类学中的翻译观，即翻译不仅被视为理解的手段，而且还是一种"建设性误解"的过程。文化人类学更大的挑战不是文化翻译的成功，而是它的失败。

三、翻译与表现

翻译是一种文化转换的模式。随着人类学研究中的语言学和社会学转向，对于文化人类学翻译策略的反思也经过了多次修正。它从文化理解和文本阐释层面转移到表现批判。20 世纪 80 年代兴起的所谓"书写文化争论"，把人们的注意力转向了书写过程和修辞的表现手段。对于文化"原文"的忠实性讨论已退居次席，取而代之的是对于表达习俗、语言形象性、叙事方法以及异域文化所产生的历史与社会条件的讨论。"民族志文本的创造者无法回避表现性的转喻、讽喻和隐喻。因此，当他们翻译的时候不得不对它们的意义进行选择和附会"。因此，民族志的描写事实上成为具有独立文本地位的阐释性的翻译，它们当中大量运用文学描述策略和会话策略，以及各种表达方法（如反讽、比喻等）。克利福德认为，“这时没有精确的翻译，只有借代性的转换”。这样，“通过民族志的翻译来传递纯正的异域文化”这个观念无疑是错误的。

20世纪80年代的“书写文化争论”凸显了跨文化表现的问题。自此，人类学专著中的经验翻译成为一个很大的问题，正如文化翻译过程中的文化虚构过程一样。人类学实践自身被视为一种创造性的翻译过程，这个过程包括对于文化整体性的整合和创造，并且反映了跨文本所应具备的前提条件、表达的传统以及文化概念的变迁。翻译理论的人类学构想一直是一种所谓“独白式的表现”，后来从中产生了“对话人类学”，即通过与原住民的对话进行表现。它虽然没有给内在的文化整体赋予其文化意义，但是却突出了多元视角翻译的必要性，这种翻译能够正确应对一种文化中各种不同的、甚至是矛盾的声音。即便如此，对话式的翻译策略也无法消除文化间权力的不平衡以及民族志撰写中的独断性。相反，改变对一种文化的理解对民族志翻译理论的构建具有更大的影响。以所谓“超越界限”为标志的一种新民族志重新定义了一些传统的核心概念，如“他者”“直接观察”和“文化翻译”等。这样，随着“书写文化争论”的深入，民族学翻译理论也出现了新的变革。文化翻译在这里不只是局限于文字与文本，还包括语用学、言语行为和语言行为。挪威奥斯陆大学人类学教授乌妮·维坎对一个明确的文化人类学翻译理论的构想就具有“超越词语”的目的。这样，文化翻译就不仅是词汇意义的转换，而是介绍语言的使用和影响、行为主体的表达目的和非语言交际。与文化作为文本的观念不同，这里主体间的意义生成和它与说话者意图的关联性得以强调。因此，欧洲民族学片面的翻译独断性就受到了质疑。

这种质疑起源于詹姆斯·克利福德（James Clifford）。他认为，即使以对话方式开展，民族志翻译始终包含翻译独断性。因为田野考察的具体经验被转化成为一种所谓的“独断性描述记录”。这个翻译过程体现的要么是观察的独断性，要么是表达方式的片面性。目前，在翻译独断论的视野中，文学翻译也被重新视为一种对语言和文化的表达权力和支配权力。这种新的翻译观起源于萨义德的“东方主义”批判理论。这里，翻译学的观察角度已经转向了翻译的权力视角。

这种关于文化翻译和文本翻译权力关系的认识成为文化人类学和后殖民主义理论的结合点。在这个结合点上，民族志的翻译问题被赋予了政治意义，即所谓“（第三世界）文化翻译政策”。翻译对于权力的依赖受到批判，同时要求第一世界的“强势语言”要在第三世界的“弱势语言”的影响下学会改变。这与德国思想家本雅明和翻译家鲁道夫·潘维茨的翻译观一脉相承。后者认为，母语应该从外语中汲取灵感。

四、后殖民主义与翻译

后殖民主义翻译理论的理论基础是后殖民理论。它通过研究译文与历史条件之间的关系揭示译文背后源语和目的语文化之间的权力斗争和权力运作。在西方翻译史上，翻译行为始终具有政治政策意义和文化政策意义，因为它涉及权力、殖民主义和语言的不平等性。文化人类学从两个层面对于翻译进行反思：一是来自经验研究的反思；二是基于知识论层面的反思。反思的出发点主要是殖民者和被殖民者之间的关系，当然还包括传教翻译，特别是在欧洲的殖民地中传教翻译家和民族志撰写者的相互利用的关系。在这个背景下，翻译行为被视为一种种族与性别的建构行为。

来自经验研究的反思主要来自三位学者。一是爱尔兰都柏林城市大学应用语言学与跨文化交际学教授迈克尔·克罗宁。他关注的重点是欧洲内部的殖民主义及其对语言的影响。他认为翻译是对原住民语言的削减，例如爱尔兰原住民语——爱尔兰语和强势语言英语的关系。二是美国华盛顿大学东南亚历史学教授文森特·拉斐尔在研究了西班牙在菲律宾的殖民史后认为，翻译行为不是文字间的和谐转换，而是对于少数族裔和原住民语言的压制。三是美国康奈尔大学人类学教授詹姆斯·西格尔主要研究了多语种国家（大多数超过上百种语言）文化内部的翻译过程。西格尔教授认为，同一文化内部的多语种翻译实际上减少了弱势语言的数量，并且形成了语言等级制度。

知识论反思的切入点强调了交互翻译的重要性，也就是说，翻译不应该只是西方单方面学习异域文化的手段，而应该是各种文化相互影响的互动过程。传统意义上的翻译过程是以两种不同的话语为前提，它们之间互为客体。而新的民族学则更强调话语平等性和互文性，它放弃了传统的“二分法思维”，把两个不同的世界联系起来，并且支持在文化人类学的发展中回译民族志文本。

在一种文化被接纳到另一种文化的过程中，翻译问题便会凸显出来。这不仅仅表现在欧洲文化接受外来文化的过程，而且也包括欧洲以外的文化在现代化过程对欧洲文化的接受。此时，翻译理论包括了各种文化实践，而不仅仅是思维方式。我们需要系统地考虑翻译西方社会实践活动话语的先决条件和后果，这些实践活动包括法律、银行体系、公共管理、教育等。话语转换会导致对于相应实践模式的接受，例如日本社会对于欧洲社会模式的接受。在这种情况下，翻译成了进入世界文化的入场券。而这种发展不利的一面也引起了人们的反思，这种现象主要体现在对于跨民族翻译的文化抵抗性。“所有的跨民族文化研究都必须进行翻译，这破坏了国与国之间的统一性。”这样，重译与重写便成为反对殖民历史的手段。

全球化时代的翻译实践的特征是不同文化层面的重叠和转换。这样，文化就不再是一个封闭的传统和身份认同的因素了。文化不仅被翻译，而且还在翻译中得以建设。也就是说，文化可以理解为翻译过程的组成部分或者结果。文化及其结构特征始终在被翻译。文化人类学和后殖民主义不仅注意到文化之间的差异，还注意到文化内部的差异。文化的这种翻译特征被称为“混合性”。此时人们发现了翻译中的新的元素：国家和文化不再是决定性的，最重要的是世界民族融合当中本地化和全球化之间的互译形式。文化不再是翻译的对象，而是冲突、差异、重叠和混合的过程。翻译概念的重要性在于，它反映了文化概念已经变化成为一种协调文化差异的手段以及文化整合的过程。在后殖民主义的背景下，翻译逐渐成为文化人类学研究中的一个重要内容。在社会层面，翻译创造了不同文化之间进行交流的社会与政治条件，甚至包括了一种文化内部不同社会族群的交流，例如印度社会中低种姓族群争取话语权的运动。翻译实践同时也激发了重新区分文化理解与文化比较的方法。在全球化和跨文化的大背景之下，文化人类学翻译理论有了新的出发点，即文化并非优先存在，而是通过文化接触逐渐定型。这种文化接触的区域被称为“文化差异翻译的‘第三空间’”或者“跨文化间隙”。在方法论和知识论的层面上，克利福德认同“文化即翻译”的观念。他认为，文化人类学中的文化比较其实就是翻译过程。文化比较所探寻的翻译概念必须要有一个界定，至少不仅仅是普遍化的西方文化意义。“我所谓的‘翻译概念’是指一个偶然用来进行比较的具有普遍意义的词汇，如文化、旅游、艺术、社会、女性、现代性等”。这些概念在其扩展意义上适用于文化比较，而且这些概念不仅可以用来比较、区分差异，还能够使文化人类学具有跨学科文化研究的意义。

目前，文化翻译的地位不断提高，已经成为用来弥合全球化世界中文化差异的一种方式。爱德华·里奇在 20 世纪 70 年代就曾经提出要建立民族学翻译方法论:“人类学家应当建立文化语言翻译的方法体系。在一个充满通信卫星和超声速飞机的越来越小的世界里，这样的工作十分重要，而且值得一做。”里奇把翻译置于一个文化分级的地位。而如今，文化间的翻译更是一种“文化斡旋”。但是这个重要的任务并不能全部留给文化人类学去完成。目前重要的是在一个全球化的世界中进行“文化管理”，这个任务无法只由“文化翻译”来完成。

第三节 英语翻译中的跨文化视角转换

对于英语翻译来讲，并非对语言进行简单的转化，而是要将文化内涵贯穿其中，这样才能保障英语翻译的准确性。因此，在具体翻译中，必须注重文化存在的差异性，且要善用文化差异做好英语翻译工作。因此，本节将着重对英语翻译中跨文化视角转换以及翻译技巧进行探讨。

跨文化视角转换指将文化背景的影响忽略，翻译者根据源语言的信息将其作为目标语，然后利用角度转换的形式，让最终的表达形式与读者的习惯保持一致。从跨文化的视角转换来讲，主要有正反转换与虚实转换。其中正反转换是视角转换最为常用的一种形式，其能够对汉语与英语之间进行有效转换。虚实转换大致就是将具体概念概括化，或者将抽象概念具体化，在具体翻译中通过虚实转化的形式可以将语言特征带来的差异降到最低，从而提高翻译的准确性。因此，英语翻译中跨文化视角转化非常重要。

一、汉语与英语之间的差异表现

（一）生活习惯与风俗文化的差异

不同的国家以及不同的地区，人们的生活习惯与风俗文化都存在着一定的差异，这是因为各个地区民族特色与环境差异而引起的。同样，这也是汉语与英语之间存在差异的最为明显的因素。中英地域上相差很远，其环境差异很大，所以风俗文化、生活习惯、生活方式、表达方式等细节之处都有差异。

（二）思维方式方面的差异

西方人善于抽象思维、逻辑思维，而中国人更多的是形象思维。抽象思维一般指的是人善于对事物的概念进行探索、推理、理解等，而形象思维则主要指的是对一个事物形象进行直观呈现。例如，在实际生活之中，拌嘴就是“bicker”，其本质意思是“抬杠”“斗嘴”，倘若再上升一点，则成为吵架“quarrel”，而动手则是“fight”。在关于个人行为管理方面的翻译过程中，“concrete”有两个常用的意思，在作为形容词使用时，则是“具体的”的意思；而作为名词使用时，则是“混凝土”的意思。“ingrain”有“根深蒂固”之意，在对个人习惯养成进行表达时，则放弃使用“build”或者“cultivate”“ingrain a new habit”就是表达新习惯的使用。从进化的角度对新习惯、新目标的机制进行总结。这样则可以在具体翻译之中对这样的搭配进行正确的使用。

（三）文化背景存在的差异

文化差异往往会带来一定程度的文化冲突。一个国家在建立初期，都是在不同的文化表现形式上逐渐产生发展起来的，而这些文化表现形式的外在表现就体现在文化差异方面。因此，在具体翻译中，必须重视文化差异，从而注重各种语言的表现形式与表达形式，从而保障翻译的准确性与客观性。

二、英语翻译中跨文化视角转换和翻译技巧分析

在很多方面，文化其实是影响语言的，翻译本质上是要对语言进行转化，同样也可以将其看成是文化之间的交流。翻译要确保语言的准确性、客观性，优质的译文能与读者的语言习惯保持一致。英语翻译包括语音翻译、词汇翻译、语法翻译等。广义的跨文化视角所涵盖的内容比较全面，而狭义的跨文化视角则注重的是从不同的视角进行转化，从而表达同样的意思。在具体翻译过程中，常用的策略有归化策略、异化策略，其中包含了形象、虚实、正反、词类、修辞等方面的转换。

（一）归化策略

归化策略指是将有差异性的语言转化成为读者习惯的译文，其目标是将当中的差异性降到最低，确保译文与原文的意思保持一致，且还要确保译文符合读者的日常阅读习惯，

这样可以让读者感受到文化之间的相同之处以及差异的趣味性。归化方法具体如下：

（1）人与人、人与物之间的视角转换。中西方生活习惯、文化背景有很大差异，在语言使用过程中，中国人通常会以“人”为主语，而引语通常是以“物”为主语。因此，在进行英语翻译时，应当充分考虑“人与物”之间的转换，从而确保人称对应的正确性。

（2）句式转换。句式转化指的是将英语的一些特殊句型翻译成为符合读者习惯的中文句型。英语语言的句型很多，但是通过汉语进行表达，其句型相对是比较固定的。因此，在具体翻译时要将英语的一些句子转化成为正确、合理的汉语句型。

（二）异化策略

异化策略是在文化差异的背景之下提出的，具体指翻译过程中要紧紧围绕实际情况通过反方向的角度进行翻译，也被称为“语义翻译”。异化策略具体包括正反词转换、相悖语态转换。正反词转化指的是应用正词进行翻译或者进行否定表达，从而确保翻译的准确性。相悖语态转换指将英语当中的主动语态以及被动语态转化成为汉语之中的习惯用的语态。例如，英语当中的被动语态转化成为汉语之中的主动语态，这样可以提升翻译的准确性。

综上所述，随着经济全球化的深入，中国与各个国家的交流日益频繁，其中与以英语为母语的国家之间的文化、政治、经济方面的交流更为突出。因此，英语翻译是一项非常重要的工作，在翻译中注重准确性以及符合读者的阅读习惯是非常重要的。所以，在实际翻译中要善用各种有效翻译策略，从而提升翻译的质量。

第四节　关联理论与隐喻的跨文化翻译

隐喻是一种语言现象，也是一种认知现象。由于中英两种语言文化中的隐喻现象存在许多的相似之处和差异的地方，本节将从几个方面来对比中英文化存在的隐喻现象。另外，翻译作为跨文化交际活动的一个桥梁，要将中英文化的隐喻现象成功互译，应以关联理论为依据，分析隐喻的理解实际是在适当的语境下寻求最佳关联的一个过程。笔者也将根据关联理论的翻译观来探析隐喻的翻译问题。

无论是英语还是汉语，隐喻现象都大量存在。学者认为隐喻不是一种简单的语言现象，而是一种认知方式，语言中之所以存在隐喻表达，是因为我们的概念体系中存在概念隐喻，它源于人们的经验，是身体、经验、大脑和心智的产物，只能通过体验获得意义。隐喻植根于社会文化，是文化的构成部分，同时也在很大程度上反映一个社会文化的内涵。因此，在跨文化交际中隐喻所体现出来的共性和差异性是值得我们注意的。翻译作为跨文化交际的桥梁，对不同文化中所存在的隐喻是不可忽视的。然而，隐喻的产生是将两种不同的事物的某一些相似特征联系在一起，并对事物进行重新组合、编码的结果。人们理解的过程实际上是必须通过关联理论“明示—推理”过程，需要找到两种事物间的最大关联和最佳关联。因此，本节试图分析中英两种语言隐喻现象的相似之处和差异的部分，以便更好地就中英互译的策略进行探讨。

一、隐喻的内涵及其特征

自古以来，隐喻一直是国外学术界尤其是语言学界各研究领域所青睐的研究对象。西方对隐喻学的研究可以分为三个阶段：隐喻的修辞学研究、隐喻的语义学研究和隐喻的多学科研究。修辞学家认为隐喻是一种修饰话语的手段。哲学家认为隐喻性是语言的根本特性，人类语言从根本上来说是隐喻性的。认知科学家则认为隐喻是通过另一类事物来理解和经历某一类事物，它是将两种完全不同概念的事物通过含蓄、映射或婉转的表达方式来达到形象比喻的言语行为。

随着语言学、语义学、认知心理学等学科不断发展，人们对隐喻现象也有了新的理解，有了较为系统和全面的认识。隐喻涉及两个方面：出发点和目的地。有的学者将前者称为“源”，后者称为“目标”。汉语中将这两个方面称为“本体”与“喻体”。在汉语里要实现一个完整的隐喻，通常由“本体”和“喻体”两项构成，两个概念互相作用，并根据百科知识来激活日常观念和联想系统。喻体的某个特征（或称“联想意义”）被投射到本体上，便形成隐喻意义，隐喻意义在两者相互作用的过程中创造出来。比如“Arabs believe that time is a servant not a master.”，其中“time”是本体，“servant”和“master”是喻体。根据这句话的意思，听话人必须根据说话人的文化背景和自己的经验、百科知识分别在源域和目的域中找到对应的映射，并推测“time”是很多的，并且应该为人提供服务而不能像主人那样受到时间的控制。另一方面，隐喻具有另外特征，有时候它含有的概念与字面意义完全不相符，即非字面含义，这是由于词义是有延伸含义的。例如“It rains cats and dogs.”本句按字面意思难以理解。如果知道“cats and dogs”为名词性隐喻，则便知道其引申意为“heavy rain”（倾盆大雨）。

隐喻的理解过程就是寻找“源”和“目标”，即是寻找喻体和本体的相似性的过程，从本质来说就是寻找其最佳关联的过程。事物之间虽有千差万别，各自存在，但彼此间又是相互联系的，无论怎样事物之间总是会有千丝万缕的联系或一定程度上的相似性。自80年代以来，学者不断发展和完善了隐喻理论，他们认为映射反映的是认知空间之间的关系，并且隐喻是从一个比较熟悉、易于理解的源域映射到一个不太熟悉、较难理解的目标域。

二、中英语言中隐喻共性

隐喻是一种不同概念域之间的映射关系，这种处于两个概念域里的事物的对应使人们能够运用源域里的知识结构来认识目标域里的知识结构。在人类社会里，由于具备相似的生理特性和拥有相似的赖以生存的自然条件和生态环境，使人类语言中的不同概念域中不可避免地具有一定的“共质性”，这种跨语言的“共质性”便是英汉隐喻能相互理解的基础，也是英汉隐喻中许多相似的隐喻现象出现的主要原因。

（一）文化间的同化与吸收

拉可夫认为隐喻是以认知为基础的同时，也是建立在社会基础之上的，即隐喻是以社会文化为基础的。也就是说不同的文化背景对隐喻有不同的理解、诠释。因此，理解、研究隐喻必须结合文化因素和认知因素来展开。一种特定的文化首先在一特定的地区形成并且成熟，然后被传播到其他地域，再后被逐渐接受、吸收和同化。20 世纪末以来，随着经济的迅速发展、国际交流的不断加强，文化的交融成为可能。一些英语里的表达逐渐被中国文化所接受，成为中国文化的一部分。如“crocodile's tears（鳄鱼的眼泪）”“armed to the teeth（武装到牙齿）”等在英语中这样的隐喻也在汉语中受到同化并得到了承认。另一方面，汉语的“纸老虎”（the paper tiger）、“丢脸（lose one's face）”等也已融入了英语当中。

隐喻认知结构在一定程度上反映一定的社会文化，隐喻本身是文化的组成部分。汉英语中大量相同或相似的隐喻表明汉英文化正走向趋同。在英汉里存在着许多相同或相似的隐喻现象，这表明英汉具有隐喻的共质性。

（二）地域间文化的共核

在自然环境和生活环境不同的地域，人类有着基本相似的生存需要、生活方式和思想感情，因而有些文化几乎是同时发生和存在于不同的地域。但是受到相似的生活需要和思维模式的影响，不同地域的文化和思维方式却有“集合”，或者说是文化共核。这种文化的相似性必然反映在语言中，使不同的语言中存在着大量的对等、对应或相似成分。比如英汉语言中用隐喻概念表达情感的现象较多。比如“anger”这个词语，尽管其隐喻概念在英汉语言中表达方式有些不同，但基本隐喻概念是相同的，如“flame of anger，Anger is fire”等；汉语中也有类似的说法，如“怒火中烧”“火冒三丈”等。这些英汉的表达都证明对情感的隐喻化表达是相似的，并且体现出语言间的共性。英语、汉语都用羊比喻温顺，用钢铁比喻坚硬，用狐狸比喻狡猾等。此外，英汉习语中也有相似谚语表达，例如：火上浇油（add fuel to the fire），大海捞针（look for a needle in a haystack）等。由此看出虽然人们生活在不同的地域，但是英汉文化里的人们也具备相似的文化共核。

（三）方位性隐喻概念的共性

方位性隐喻指参照空间方位而组建的一系列隐喻的概念。由于人们最初的感知是从感知自身运动和空间环境开始的，在认知和语言发展过程中，最初用于空间关系的词语后来被人们用来喻指时间、过程关系等抽象概念，逐渐形成了概念隐喻的认知。如在中英文里人们都习惯用一些表示方向性的词将人们的日常感受和社会现状联系在一起，比如用“上下（up, down）”“前后（forward, backward）”“高低（high, low）”等来喻指感受。

例 1："I was feeling a little down this morning", said Corporal Daniels after reading a letter from his girlfriend, "so now I am back up."

（译文：下士丹尼尔在读完女朋友的来信后说道：“今天早上我觉得很郁闷，但现在又重新振作起来了。”）

例 2：The government should take the opportunity of demanding a more forward looking attitude.

（译文：政府应利用这一时机需要一个更有远见的态度。）

The backward place has changed into an industrial centre.

（译文：那落后的地方变成了工业中心。）

在英语中“up, forward, high”等通常代表肯定、积极的一面；而“down, backward, low”等代表否定、消极的一面。同样在汉语中我们也能找到许多类似的表达，如“上”“升”“高”的意象就通过一种隐喻转换而具有如善尊、成就、荣耀或权力等象征性的含义。同样，“下”“落”“低”也具有了卑下、沉沦、堕落、衰亡、失落等隐喻性的内涵，如“低沉、后退、落败，高尚、前进、上层、高歌……”。

三、中英语言中隐喻个性差异

拉可夫认为隐喻是以社会文化为基础的。众所周知，不同的民族有着不同的文化，而不同的文化之间既有各自的个性又有普遍的共性。由于各民族生存的具体环境不尽相同，在物质文化、社会文化等方面存在诸多差异，人们通过不同的角度和方式体验现实世界所发生的一切，形成具有差异性的观点和认识。因此，不同的民族必然形成不同的思维方式和认知模式，进而造成英汉语言中隐喻概念的差异性。

（一）文化背景差异

隐喻是通过一种“相似联想”过程对本体进行设喻的，不同文化背景给人们带来的联想也不尽相同。传统文化观念、历史文化背景等因素均在隐喻中有所体现，比如狗在英语文化里被人们加上了忠诚的联想，因而以“dog”为喻体的英语隐喻多为褒义，如“lucky dog（幸运儿）”“jolly dog（快乐的人）”“an old dog（经验丰富的人）”等。相反，在中国文化中则把狗看成一种讨人嫌的动物而横加贬抑，诸如“狗仗人势”“狗嘴里吐不出象牙”“狼心狗肺”等。再者如“龙凤”在中国的传统文化中是代表吉祥如意、大富大贵内涵的瑞兽，中华民族更称自己为龙的子孙。然而，在西方人看来“dragon”是一种残暴的怪物，是邪恶的象征，喻指凶恶的人。这种“可怕的怪物”与中国人心目中的“龙”是迥然不同的两种概念，其文化含义是完全不同的，如“the old dragon（撒旦，魔鬼），dragon's teeth（相互争斗的根源）”。

（二）思维方式与审美差异

隐喻作为思维方式的一种体现，也作为语言的一种修辞手段，以“联系”为心理基础，将两个不同事物的某一些相似特征联系在一起。中西方由于民族不同、文化上的差异，具有不同的审美观和思维方式，比如两个民族对动物和颜色的隐喻非常丰富但又各自有别。如“green”一词表示一种强烈的感情，如“green as jealousy”（非常嫉妒）。在汉语中，妒忌别人的人被形容为“红眼病”；而在英语中，形容此类人则用“green-eyed”一词。又例如汉语中的“梅、兰、竹、菊”，千百年来以其清雅淡泊的品质，被用来赞美高风亮节的人，并成为一种人格品性的文化象征，然而这样的联想是不可能发生在英语中的。此外，中西方语言对情感隐喻达也体现了思维的不同，其根本原因归结为两种文化的宇宙观不同。西方人惯于借助宇宙星体和自然界事物来隐喻其感情和情绪，如：“I feel I am in heaven”（快活极了），“After hearing the news, he was walking on air”（高兴得不得了）。而汉语中多是依靠人身体各部位或是附着于人体的东西来表达，如：手舞足蹈、咬牙切齿、肝肠寸断、七窍生烟、恨之入骨等。自古以来，中国人在表示情绪和感情时，喜欢借助于人本身。相反，西方人认为世界上万事万物都是对立的，他们以自然为认知对象，认为只有认识自然，才能把握自然；只有探索自然，才能征服自然。这也是为什么西方人将情感表达与代表实体的宇宙事物和世界的本原紧紧联系在一起。

四、关联理论下的隐喻翻译

20 世纪 80 年代斯帕博和威尔逊提出了关联理论。关联理论认为言语交际中话语理解的性质和过程就是一个明示—推理的过程，明示与说话人有关，推理与听话人有关，即说话人通过明示行为向听话人表达自己的交际意图；听话人根据对方所提供的信息和交际意图产生一系列的语境假设，而交际的目的是以最佳关联作为取向的。关联理论把关联性定义为“与既定语境相关的，并在该语境下产生某种语境效果的假设”。在言语交际的过程中关联性的强弱取决于两个因素即语境效果和推理努力。语境效果好，推理时付出的努力就小，关联性就强；语境效果差，推理时付出的努力就大，关联性就弱。

（一）隐喻的翻译

关联理论的语境观认为交际中的语境是动态的，是一个变项；而关联是一个常项，一种必然。在关联理论中，语境是听者认知语境的一系列假设或信息。关联依赖于语境，在言语交际过程中，听者根据关联原则进行思辨和推理，从新旧信息中推导出说话者的交际意图。隐喻作为一种语用现象，它的识别与理解要靠语境提供的线索。一个词或一个句子都必须放在语境中来考虑而不能孤立的理解，只有在具体的语境中才能判断该词或句子是否用作隐喻。同样一句话，由于语境的不同，可以是非隐喻性话语，也可以是隐喻性话语，可以理解成这样一种隐喻义，也可以被理解成是那样一种隐喻义。因此，根据关联理论的翻译观及对隐喻含义和本质的分析，在隐喻的翻译过程中需用不同的翻译策略来处理英汉两种文化中的隐喻现象。

（二）翻译策略

1. 直译

由于英汉两种文化语言的隐喻具有共同性和同质性，其隐喻具有许多惊人的相似之处。“对等”是隐喻翻译的核心概念。译者的最大目标就是尽可能在语言形式上（句法结构和词汇）与作者的相匹配以求得对等。当两种隐喻的认知方式相同，语言形式相似时，可采用直译的方法将源语的喻体形象移植过来传递给译文读者，可以保持对等的形象与含义，例如，“All roads lead to Rome.（条条大路通罗马）”“Blood is thicker than water.（血浓于水）”。

2. 意译

由于中西方的文化差异和思维结构的不同，必然存在隐喻意义的多义性和可变性。词语范畴的隐喻性以及两种语言词语范畴结构的非对应性，翻译策略则应采用意译的方法。由于不同语言文化隐喻的异质性，有的隐喻形象是不可译的，其直译只会令读者觉得莫名其妙。因此，只有舍弃原文形象以忠实原文意义。例如，“That theory doesn't hold water.”本句按字面意思难以理解。此句中“hold water”为动词性隐喻，其引申意为“be capable of standing up to examination or testing（经得起验证）”。所以，此句应翻译为“那个理论站不住脚”较为合适。相似的例子还如“Don't let the cat out of the bag.（不要泄露秘密。）”

3. 直译、意译相结合

直译和意译各自有各自的优点和缺点。在英汉隐喻互译中，有时可采用直译、意译相结合的方法以弥补直译难达意，意译难传神的不足。根据关联理论的翻译观，翻译不仅要考虑到源语言和目的语的转换形式，而且要兼顾目的语读者对译文的反应，还应当把这种反应和源语读者的反应加以对比。为了让译文更加易于接受、通顺，译者就应根据最佳关联原则，让读者能以最小的努力获得最大的语境效果，将源语文化中的“陌生性”降低到最低程度。

例：我们有些同志喜欢写长文章，但是没有内容，真是“懒婆娘的裹脚布——又臭又长”。

（译文：Some of our comrades love to write long articles with no substance, very much like the foot bindings of a slattern long as well as smelly.）

中国人很容易理解“裹脚布”这个名词，也能很快在本体和喻体之间作出推理。但是对于不了解汉民族文化的西方读者来说，由于没有相似的语境和文化认知，他们根本不可能在本体“没有内容的长文章”和喻体“裹脚”之间找到相似性——“又臭又长”。而在翻译中增加“like”这个喻词，可以帮助读者不用花很大努力去在喻体和本体间建立最大和最佳关联，加之有“long as well as smelly”的明示信息，因此通过直译和意译的结合，使得目的语读者能很快地获得像汉语读者那样的形象生动的感受。

隐喻作为人类基本的认知活动在生活中普遍存在，它不仅是语言现象、认知现象，还是一种文化现象。通过以上探讨我们可以看到英汉语言中的隐喻有许多的共质性，同时也具有社会文化、思维及审美方式等方面的差异性。翻译作为跨文化的交际活动，是信息交流的桥梁。因此，在汉英隐喻的互译过程中，作为译者应在关联理论翻译观的指导下，在翻译活动中对隐喻做出明示—推理的合理解释，创造性地应用各种策略来处理原文中的隐喻，从而使得英汉民族能通过较少的努力获得最佳的语境效果，加深两者文化的理解和交融。

第五节 认知角度与隐喻的跨文化翻译

作为一种认知思维方式，隐喻折射出深厚的民族精神和文化内涵。本节从认知角度探讨隐喻的跨文化翻译，并以大卫·霍克斯（David Hawkes）和杨宪益、戴乃迭夫妇英译本《红楼梦》中的隐喻翻译为例，对具体译例进行对比分析，探讨隐喻的翻译策略。

隐喻的研究源远流长，从范围和方法来看，经历了三个时期：一是从大约公元前300年到20世纪30年代，人们对隐喻的研究主要是从修辞学角度；二是从20世纪30年代到70年代初，隐喻研究主要从语义学角度；三是从20世纪70年代至今，隐喻的研究呈现多元化趋势，包括从认知心理学、翻译学、外语教学乃至人工智能的角度对隐喻进行多角度、多层次的研究。然而，从认知语言学的角度对隐喻的研究仍然是最具活力的一种视角。尤其是1980年，认知语言学的奠基人莱可夫和约翰孙合著的《我们赖以生存的隐喻》一书，系统地阐明了隐喻的本质和工作机制，指出隐喻在本质上是一种认知现象，是两个不同语义领域的互动。此书的问世使隐喻的研究发生了根本变革。

在隐喻的跨文化翻译过程中，既要考虑隐喻在源语中的文化内涵和传达的信息，又要考虑在目的语中如何忠实地重现，使目的语读者能够准确地理解和捕捉。如何实现隐喻的等值翻译，是隐喻翻译的热点和难点。

一、隐喻的认知观

隐喻的结构可以分为始源域和目标域。一般来说，前者较具体，为人们所熟悉；后者较抽象，比较难以直接理解。隐喻通过意象图式的构建，形成从始源域到目标域的映射，其目的是帮助读者借助始源域来理解目标域。以基本的概念隐喻“Time is money”为例，这里的“time”称为目标域，“money”称为始源域，始源域相对来说更为读者所熟悉，“money”可以花费，也可以浪费，“money”有价值，始源域（money）图示中的特征被映射到目标域（time）图示中。换言之，隐喻能使人们用较熟悉的、具体的概念去理解、思维和感知陌生的、抽象的、难以直接理解的概念，其方式就是把始源域的结构映射到目标域上，这样的映射是在两个不同的认知域之间实现的，其基础就是经验。

二、隐喻翻译的认知策略

（一）隐喻的对等映射

虽然不同国家的人们在地理环境、历史文化、社会生活上各不相同，但是地球是人类共同生活的家园，包括生态环境和气候变化等外部条件是相似的，基本需求是相似的，各个民族在探索和改造客观世界的过程中，能够获得相似的体验、认知和理解。人类的生理基础，包括感官和身体构造都是相似的，在视觉、听觉、嗅觉、味觉、触觉等各种感官体验上，能够引起共鸣，产生相似的心理认知。著名语言学家沈家煊认为："人同此心，心同此理，人的认知心理不仅古今相通，而且中外相通。"认知语言学认为，语言是以认知为前提的，是人通过认知与客观世界相互作用的结果。基于对客观世界相同的认知体现在不同民族语言中的共性，不在语言形式上，而在于人的认知心理。所以，跨文化的隐喻之所以能够进行翻译，也是建立在人类相同的认知心理基础上的。下面以《红楼梦》中的隐喻翻译为例：

例 1：树倒猢狲散。

杨译：Tree falls and the monkeys scatter.

霍译：When the tree falls, the monkeys scatter.

例 2：瘦死的骆驼比马大。

杨译：A starved camel is bigger than a horse.

霍译：A starved camel is bigger than a fat horse.

例 1 和例 2 中，"树倒猢狲散"和"瘦死的骆驼比马大"，体现了人陷入困境和窘境时的一种生存体验和生活状态，是基于人们相似的生活体验和认知，达到了一种认知心理认同。另外，"猢狲（猴子）""骆驼""马"在中西文化中的意象并没有太大的差异，达到了源语和目的语的一种文化重叠，在这种情况下，可以尝试用直译的方法进行翻译。直译法一方面可以在最大程度上，保证源语的文化特色在隐喻翻译过程中尽量少流失，保留它的原汁原味，另一方面还可以丰富目的语的语言和文化。

（二）隐喻在目的语中的归化映射

不同民族由于地理环境、历史文化、社会生活、宗教信仰、风俗习惯、价值观念、思维方式等方面的差异，语言表达内涵各不相同，隐喻也是如此。这类隐喻应该如何翻译，笔者认为，译者可以首先考虑归化映射，也就是使用符合目的语社会文化特点的始源域的具体概念来映射源语隐喻中的抽象概念，再现源语的隐喻意义和隐喻表达形式。归化映射易于为目的语读者所接受，获得与源语读者相似的心理认知体验，实现源语和目的语之间最大限度地等效翻译。现将隐喻中霍译和杨译加以区别：

例 3：谋事在人，成事在天。

杨译：Man proposes, Heaven disposes.

霍译：Man proposes, God disposes.

从文化和宗教角度看，"Heaven"比"God"更具有中国特色，中国人经常说："我的天啊！"中国古语有云："天将降大任于斯人也""天行健，君子以自强不息"等。而"God"是西方基督教的上帝，西方人惊讶时会大喊："Oh:My God!"祈求上帝保佑时会说："God bless me!"谚语有云："God help those who help themselves."因此，霍克斯把"天"译为"God"，则更易于为西方读者所理解和接受，更符合西方读者的宗教文化、价值观念和思维方式。

例 4：巧媳妇难为无米之炊。

杨译：Even the cleverest housewife can't cook a meal without rice.

霍译：Even the cleverest housewife can't make bread without flour.

从生活习惯角度看，“meal”（饭）和“rice”（米）是中国人日常的饮食习惯，中国人司空见惯、习以为常。但是中西方饮食习惯差异很大，西方人很少吃“meal”（饭）和“rice”（米），他们的主食更多的是“bread”（面包）和“flour”（面粉）。如果直译的话，西方读者有时会感到困惑和不理解，翻译成“bread”（面包）和“flour”（面粉）则更易于为西方读者所接受和认可。

从以上三个例子可以看出，杨宪益和戴乃迭的译文最大程度上保留了中国文化的特色，目的是把博大精深的中国文化原汁原味地介绍给英美读者，所以遵循的翻译原则是以源语文化为归宿，采用了“异化”的翻译方法。霍克斯的翻译，充分考虑了中西文化的差异，考虑到了西方读者的认知心理和理解能力，所以遵循的翻译原则是以目的语文化为归宿，采用了“归化”的翻译方法。“归化与异化”不能与文体效果直接联系，异化的译文不一定比归化的译文具有更强的表现力，反之亦然。笔者认为，如果源语文化和目的语文化差异很大，隐喻的异化翻译有可能会对目的语读者造成困惑、歧义甚至误解的情况下，采用在目的语中的归化映射可能更胜一筹。因为采用这种方法，原文隐喻的内涵和表达形式可以在译文中得以再现，译文也比较符合目的语国家的文化特点和表达习惯，译文读者可以获得与原文读者同样的心理认知。

（三）隐喻映射的移植

由于两种不同文化认知的错位或缺失，一种文化系统下的隐喻，在另一种文化系统中找不到与之相对应的类似的隐喻。汉语中很多隐喻性的成语、俗语、谚语、典故、神话故事等都有其独特的历史背景和文化内涵，对目的语而言就是一种文化认知上的缺失。对于这一类隐喻的翻译，应根据不同的情况，采取不同的翻译策略。

1. 直译加注法

直译法可以在最大程度上保留源语隐喻喻体的形象，但是由于中西方的文化差异，汉语中特有的隐喻性的成语、俗语、谚语、典故、神话故事等，在目的语中无法找到类似的隐喻，用来重现其深刻的文化内涵和艺术价值，也难以为目的语文化的读者所接受。这时，直译加注法不失为一个两全其美的办法，既保留了源语隐喻喻体的形象，注释又可以让目的语读者理解其内涵。

例 5：心较比干多一窍，病如西子胜三分。

杨译：She looked more sensitive than Pikan, more delicate than Hsi Shih.

（1）A prince noted for his great intelligence at the end of the Shang Dynasty.

（2）A famous beauty of the ancient kingdom of Yueh.

“比干”和“西子”都是中国古代特有的人物，“比干”是商朝杰出的人物，“西子”指“西施”, 中国古代“四大美女”之一。直译加注法不仅保留了源语隐喻喻体“比干”和“西子”的形象，给西方读者一个直观的印象。注释又让西方读者理解其内涵，起到了一举两得的作用。

2. 隐喻转明喻

例 6：滴不尽相思血泪抛红豆……

杨译: Like drops of blood fall endless tears of longing.

霍译: Still weeping tears of blood about our separation//Little red love-beans of my desolation.

杨译文通过明喻转换原文的隐喻，忠实地再现了“泪水”意象。霍译文将原文的隐喻转换为明喻，直译“血泪”，相当于隐喻移植，再现了隐喻意象“泪水”。

3. 隐喻转化成喻底

例 7：

儿命已入黄泉，

天伦啊，须要退步抽身早！

霍译:

I that now am buta shade,

Parents dear,

For your happiness I fear:

Do not tempt the hand of fate!

Draw back, draw back, before it is too late!

“黄泉”是汉语中特有的意象, 其内涵和寓意很难为目的语读者所理解。霍译文把“黄泉”的意象转换成了“a shade”（影子），揭示了隐喻的喻底（ground），达到了深层含义的一致。

4. 省略

例 8：

蛾眉颦笑兮，将言而未语；

莲步乍移兮，待止而欲行。

霍译:

A half-incipient look of pique,

Says she would speak, yet would not speak;

While her feet, with the same irresolution,

Would halt, yet would not interrupt their motion

“蛾眉”原指娥细长、弯曲的触角，借指中国古代美女细长而弯的美丽的双眉;“莲步”是指中国古典美女纤纤细足走路的小巧，借指走路时娇羞、婀娜的姿态。这些审美标准很难被西方的读者理解和接受。霍克斯在翻译时考虑到这种文化和审美的差异，省略了“蛾眉”和“莲步”的意象，而把女子美丽、婀娜、含羞的美妙姿态用语言转述了出来。

（四）隐喻映射的变异

由于中西方处于不同的文化体系，即使源语和目的语的喻体是同一个意象，但表达出来的喻体含义却千差万别，文化认知的差异性导致喻体所折射的隐喻意义的不一致性。

例 9：（北静王）见他语言清楚，谈吐有致，一面又向贾政笑道：“……非小王在世翁面前唐突，将来‘雏凤清于老凤声’，未可量也”。

霍译：The prince observed to Jia Zheng."…I trust I shall not offend you by saying so to your face,"he said,"but I venture to prophesy that this fledgling of yours will one day sing sweeter than the parent bird".

凤是中国古代神话传说中的百鸟之王，在远古图腾时代被视为神鸟而予以崇拜，比喻有圣德之人，象征美好、和平与吉瑞。“雏凤”，幼小的凤，喻英俊少年。原文的意思是北静王夸奖宝玉“青出于蓝而胜于蓝”，前途不可限量。凤凰（phenix）在西方神话里又叫火鸟、不死鸟。神话传说中，凤凰每次死后，会周身燃起大火，然后其在烈火中获得重生，并获得较之以前更强大的生命力，称之为“凤凰涅槃”。如此周而复始，凤凰获得了永生，所以有“不死鸟”的称号，因此它蕴含着宗教中的“再生”之意。

由于中西方隐喻喻体意象的不同的含义，所以霍克斯采用了意译的方法，将“凤”翻译成笼统意义上的“bird”。意译是指考虑不同语言民族在文化诸多方面的差异，有时需要舍弃喻体的意象，保留原文的主旨，根据原文的大意来翻译，而不逐字逐句的翻译。意译的使用更能够体现目的语文化的语言特征，以利于目的语读者理解。

隐喻是一种思维认知方式，不同社会文化的人对于隐喻的内涵理解往往有所不同，这就要求译者根据不同的情境采取不同的翻译策略和翻译方法。

译者一方面要了解隐喻在源语中的背景知识，深刻理解其认知特点和内涵意义；另一方面要对目的语的文化有着全面、深刻的了解，在保留源语隐喻文化特色的同时，在翻译时考虑到目的语读者的理解和接受能力，采用灵活的翻译策略，尽可能地缩小不同语言不同文化之间的差异，实现源语和目的语之间最大程度上的等效翻译，达到思想交流和文化传播的目的。

第六节　英语习语的跨文化翻译

英语习语是英语词汇的重要组成部分，有着鲜明的地域色彩、民族风格，反映了西方民族的风俗习惯、喜好禁忌。要将英语习语原汁原味地翻译出来绝非易事，不仅要求译者有较强的语言技巧，还应有深厚的文化底蕴，对中西方文化都有着深刻理解。

习语承载着深厚的文化意蕴，犹如一面镜子，能生动反映民族的文化特征与社会心理，习语翻译是翻译领域的亮丽风景，也是文学翻译的重点与难点。本节试图从英语习语翻译出发，探讨跨文化翻译中文化差异问题。

一、习语的内涵与特点

习语是在长期语言使用中形成的生动形象、精练简洁、通俗易懂的语言表达方式，是劳动人民生活或生产实践经验的总结，包括成语、谚语、俗语、俚语、典故等。习语是不可拆分的，具有约定俗成的意义，有着音节优美、韵律协调、形象生动、言简意赅、寓意深刻的语言特点。习语是民族语言的核心与精华，有着鲜明的地域色彩、民族风格，是特定历史时期的人文习俗、思想情感、宗教文化、经济生活、价值信仰、自然法则的集中表达。英语习语是英语词汇的重要组成部分，能够带给人生动形象、含蓄幽默、妙趣横生的审美体验，被广泛应用于日常交往、电视广播、报纸杂志等。

二、英语习语所反映的文化差异

（一）文化传统上的差异

英语习语反映了英语民族的风俗习惯、喜好禁忌，有着鲜明的民族色彩。首先，英汉习语的比喻形象就不尽相同，反映了两个民族的认识差异和喜好。如英、汉民族对狗的认识不相同，汉语中有许多与狗相关的贬义词，诸如“狗眼看人低”“狐朋狗友”“狼心狗肺”“狗仗人势”等；但英语文化中常用狗比喻值得信赖和同情的人，诸如“as faithful as dog”“Love me, love my dog”“Every dog has its dag”等。汉语文化中“龙”是吉祥的神灵，是皇权、威严、地位的象征，英语文化中“龙”是会喷烟吐火的怪兽，是邪恶、残暴、凶狠的象征。其次，英语习语形成于特定的历史传统中。工业革命源于英国，在工业革命初期英国发生了“羊吃人”的圈地运动，英语习语中就有“Dyed in the wool”“much cry and little wool”等。

（二）生活方式上的差异

民族的饮食习惯与生存环境有着密切联系，在英国或美国黄油、奶酪、面包、果酱为常用食品。因此，形成许多与食品相关的习语，如“want jam on it”“big cheese”“to take the bread out of some one's mouth”等；用“live on wind pudding”比喻生活毫无保障，“for all the tea in China”指“将中国的茶叶都给我，也不做某事”。

（三）自然环境上的差异

英国是一个四面环海的岛国，有着独特的生活方式，这也反映于英语习语之中，如“Go by the board”比喻计划落空，“See how the wind blows”比喻观察形势和情况。英国是典型的海洋性气候，伦敦更是著名的“雾都”，因而，关于多雨多雾的英语习语非常多，如“as tight as rain”；英国是海洋国家，就产生了许多与航海相关的谚语。而中国以农业立国的国家，长期发展中形成许多农谚，如“竹篮打水一场空”“骨瘦如柴”“滚石不生苔”“槁死灰”“众人拾柴火焰高”等。

三、跨文化翻译是英语习语翻译的策略

（一）英语习语翻译策略的选择

人类有着相似的生活方式、思想认识、精神生活，因而，在语言表达上也有许多相似之处，如英语中的“to burn one's boat”就同汉语中的成语“破釜沉舟”如出一辙；汉语中有“隔墙有耳”，英语中则有“wall have ears”。同时，汉语和英语属于不同的言语体系，不同的自然环境、生活方式、历史传统等，这些差异决定了英、汉民族有着不同的价值观、思维方式、审美情趣和风俗习惯，因此，英、汉习语都有着不同的表达方式，承载着不同的文化信息。如英语中的“Since A dam was a boy”就和基督教文化密切相关；“Pandora's box”就源于古希腊神话，没有英语文化背景的中国读者很难理解这些英语习语。

翻译时需要深刻理解习语蕴含的文化意蕴，采用恰当的翻译策略。关于翻译标准，严复先生提出“信”“达”“雅”，傅雷先生提出“重神似而不重形似”；翻译家奈达提出“动态对等”。虽然这些翻译理论的侧重点各不相同，但都重视再现原作风貌。英语习语有着浓重的民族文化色彩，在英语习语翻译时应使用多种翻译手法，应充分考虑中西文化差异，做到“下笔抒词，自善至备”，力求凸显英语习语的语言风格和文化内涵。但在具体翻译中不是每个习语都包含字面意义、形象意义、隐含意义，原文的三种意义也不可能全部再现于原文之中，当字面或形象意义与隐含意义发生矛盾时，应当服从于隐含意义。

（二）英语习语翻译策略的运用

1. 运用直译法

直译即进行字面翻译，是在不违背译文所属国家的语言规范的原则下，不做过多的引申与注释，以求最大限度保持原文的语言风貌和文化习惯，使读者能深刻体会异域文化风味。一般情况下，带有异域文化色彩的习语往往都是形象化的语言，通过直译法能保留原文的形象化语言，使中国读者了解更多的英美文化。如“Domino effect”能译为“多米诺效应”；“Practice makes perfect”能直译为“熟能生巧”。

当英语习语的隐含意义很容易推断时，可以运用直译法进行翻译，如“all roads lead to Rome”就可以直译为“条条大路通罗马”。有些英汉习语的语言结构与表达方式极为相似，并且喻义相同、形象吻合，这时应采用直译法，如“Strike while the iron is hot”能译为“趁热打铁”。通过直译法翻译的词语会不断融入汉语之中，成为汉语的新鲜血液，如“golden age”“break the record”“armed to the teeth”“cold war”就可以翻译为“黄金时代”“打破纪录”“武装到牙齿”“冷战”，这些词语已成为汉语的重要组成部分。

2. 运用意译法

英语习语会受中西文化差异的影响，在跨文化翻译中无法从字面或形象意义理解习语的思想内容，这时就要采用意译法进行习语翻译，将原文形象更换为译文读者熟悉的形象。

如"a cat on hot bricks"就能译为"热锅上的蚂蚁"。

有时要配合上下文语境，保持原文的完整性，也需要采用意译法。如"Birds of a feather flock together"，就可以译为"物以类聚，人以群分"；"Among the blind the one-eyed man is king"采用意译法能翻译为"山中无老虎，猴子称大王"。

3. 运用套译法

套译法是借用或套用汉语俗语来传译英语习语的翻译方法。英语中许多表达形象、意思的方式与汉语非常接近，完全可以用"拿来主义"的方式进行传译，将所选用词语的字面意思做好对应即可。如"castle in the air"就可套译为"空中楼阁"，"Habit is second nature"能译为"习惯成自然"，"Money makes the mare go"可译为"有钱能使鬼推磨"。另外，有许多英语习语在汉语中没有"形同义同"的表现方式，但可以找到"形异义同"的表达方式，并套用相近的汉语习语。如"a fly in the ointment"能译为"美中不足"，"no respecter of persons"可译为"一视同仁"，"Great minds think alike"能译为"英雄所见略同"。

在文化语境中，影响英语习语的文化因素有很多，如自然环境、社会习俗、历史传统等。因而，译者应准确理解习语的文化内涵，采用恰当的翻译策略巧妙处理可能产生的文化缺失，实现文化交流的目的。

第七节　跨文化交际翻译中的"错位"现象

近年来，随着中国影响力的不断增强，越来越多的西方学者和游客对中国灿烂的文化表现出了相当浓厚的兴趣。汉语和英语分别是世界上使用人数最多和使用范围最广的两种语言，然而通过汉英两种语言互译实现的跨文化交际常常会面临"错位"的情形，通过比较分析经典译文，探索归纳出了一些解决跨文化交际翻译中"错位"现象的方法。

语言是文化的载体，是文化的一个密不可分的组成部分，它既反映文化，也受文化的影响。由于英汉两种语言间存在诸多差异，通过汉英两种语言互译实现的跨文化交际常常会面对"错位"的情形，翻译两种语言间信息的交流和转换，自然不可避免地要在语言转换的同时进行文化转换。不同民族会有不同的历史性感受和共时性感受。因此，不同文化背景下的人们使用不同的语言形式表示对事物的看法。

从历史的角度看，今人和古人对事物的看法也存在不一致性。因此在跨文化交际翻译过程中，了解这些错位，并懂得使用不同的策略修正这些错位，成为提高翻译质量的重要手段。大体上说，跨文化交际翻译中的错位主要表现在时空错位、身份错位和文化错位三个方面。

一、时空错位

跨文化交际翻译中的时空错位主要指的是对古汉语和古英语的英译与汉译。古汉语翻译中最典型的是对典籍的英译。中国典籍的翻译是一件较为复杂的事情，其主要困难表现在以下几个方面。

（一）古汉语和现代英语的互译

由于中国典籍大多为文言文，因此其翻译的过程便较为复杂，需要先将文言文转换为现代汉语，最后再译为英语。而在这种转换过程中，一些重要的语言信息必然会发生流失。如，“淡泊明志，宁静致远”出自诸葛亮的《诫子书》，分开翻译“淡泊明志”：Live a simple life，showing one's goal in life. “宁静致远”：Fair and softly go far in a day. 合起来翻译：Still waters run deep—to lead a quiet life. 还有译为：Simple for explicating one's ambition, quiet to go far. 等。

（二）对比古汉语和现代英语时空

中国典籍中有很多先哲的精辟观点，如何使用英语诠释这些语言，体现出先哲思想的闪光点，成为译者面临的一大难题。英语在不断演进的过程中，词汇形式不断变化，由古英语时期向着现代英语表达迈进。在翻译过程中，译者也需要把握古英语的表达形式，从而提高译文质量。当跨文化交际译者无法把握英汉语言的这些特点或者不具备英汉古语翻译的能力时，翻译中就很可能出现时空错位的现象。同时，跨文化交际翻译中的时空错位还表现在对英汉文化内涵词的“错用”上。例如：

Some of these phrases,perhaps,came down off Noah's Ark.

也许，这些成语中有的竟是从盘古开天地以来就已有的了。（时空错位翻译）

有些成语也许竟来自“诺亚方舟”的远古时代。（正确翻译）

对比上文中提到的时空错位翻译，译者将“Noah's Ark”汉译为“盘古开天地”，容易造成一种不伦不类的表达感觉。英汉语言编码常受到时空的限制，因此不同时代、地域、民族文化等因素都会对语言产生一定的影响。在跨文化交际翻译过程中需要对中西方语言中的时空信息进行筛选与合理翻译，才能提高译文的质量。

二、跨文化交际翻译中的身份错位

（一）人物身份错位

在英译汉或者汉译英过程中，切不可改变文本中人物的行为模式，避免人物身份的错位。例如，在翻译中国古典文学作品时，译者最好不要将中国古人的行为翻译为西方人的举止。身份错位现象会影响不同文化间的沟通与融合，对跨文化交际的进行也十分不利。

（二）视角身份错位

视角身份错位指的是对待文本中不同的生活方式，也不能以译者自身的文化背景进行翻译。对于具有文化内涵的文本，译者可以采用不同的视角，通过变换处理来传译对方文化。例如，在翻译“馒头”时，很多人都将其译为“steamed bread”或者“steamed bun”，这种翻译虽然能够使译者理解，但是却造成了一种视角错位，影响了中国特有文化的传播。

（三）称呼错位

在跨文化交际翻译交际中，称呼的翻译十分常见。译者需要结合时代背景，对这些称呼进行合理翻译。例如，随着女权意识的兴起，英语中很多带有男权色彩的表达就要进行相应处理，如将“主席”翻译为“chairperson”代替男权意识强烈的“chairman”。

三、文化错位

文化错位也是跨文化交际翻译中经常遇到的问题，主要表现为以下几个方面。

（一）文化误译

英语中有很多类似的词语。例如，“to move heaven and earth”的含义是“千方百计，不遗余力”，而不是“翻天覆地，惊天动地”;“to talk horse”的含义是“吹牛”，而不是“谈论马”；“to gild the lily”的含义是“画蛇添足”，而不是“装饰百合”。

由此可见，在跨文化交际翻译中，译者应该根据具体语境，并结合文化背景，准确理解原文的含义，然后选择合适的翻译技巧灵活翻译，切忌望文生义。

（二）翻译空缺

无论跨语言交际，还是同一语言内的交际，都不可能达到绝对准确。由于英语和汉语分属于不同的语系，这种现象在英汉语言交际中表现得尤为明显。跨文化交际翻译中，语义不对应或找不到对应表达的现象很常见，尤其是那些极具地方特色的事物更是如此，这就造成了翻译中的空缺，从而为翻译的顺利进行造成了障碍。

1. 词汇空缺

词汇空缺是指不同语言间由于概念表达的不对应而出现的对应词汇的缺失。这和译者所处的地理位置、自然环境、生活方式、社会生活等密切相关。例如，英语中表达“雪”这个概念的词语只有“snow”一词，而在因纽特人的语言中却有十几种之多：冰块似的雪、半融化的雪、落在地上的雪、空中飘舞的雪等。

语言学家萨丕尔曾指出，语言不能脱离文化，也无法脱离世代所传承的社会信念和行为习惯。经历两千多年儒家文化影响的中国形成了家庭结构严密的特点。而英美国家的家庭结构较为松散，亲属关系也并不严密。因而汉语中涉及亲属关系的词汇，英语中就会出现词汇空缺。在跨文化交际翻译中，译者必须对词汇空缺现象予以足够的重视，认真揣摩，从而采用灵活的翻译方法化解矛盾，译出优秀的文章。

2. 语义空缺

表面上看，不同语言中表达同一概念的词语的字面含义相同，但实际上却存在不同的文化内涵，这就造成了语义空缺。如英汉语言中都有色彩词，且多数情况下对应的色彩词意义相同，但在某些场合，表达相同颜色的英汉色彩词却被赋予了不同含义。例如，英语中“a black sheep”的含义并非“黑羊”，而是“害群之马”。类似这样的例子还有很多。

对此，在跨文化交际翻译中，译者需要了解并掌握这些语义空缺的词语，了解这些词汇的深层含义。

（三）文化欠额

纽马克将文化欠额翻译（under-loaded cultural translation）定义为“在翻译中零传输或者部分传输源语文化环境中的内涵信息的现象，即译文所传递的文化信息量小于原文的文化信息量”。语言往往包含一定的文化信息量，文化欠额翻译就是将原文中的文化信息进行不完整的传输。文化欠额翻译会严重影响译文质量。

例如：做中人的卫老婆子带她进来了，头上扎着白头绳，乌裙……年纪大约二十六七……（鲁迅《祝福》）

译文 1：Old Mrs.Wei the go-between brought her along. She had a white band round her hair and was wearing a black skirt …Her age was about twenty-six…

译文 2：AuntieWei, who is a go-between,brought her along.She had a white mourning cord around her hair and was wearing a black apron …Her age was about twenty-six…

在西方社会，妇女出嫁后可以不改名，但要改为夫姓。而在中国，由于宗法制度影响，妇女的姓氏作为其所属宗族的体现，即使出嫁仍不能更改。原文中“卫老婆子”的“卫”姓并非其夫家的姓氏，而是她自己宗族的姓氏，将其按照英语的习惯翻译为“Mrs.Wei”显然不符合汉语文化习俗。

在中国，丈夫去世后，妻子必须为其守孝，且应佩戴白头绳。贫苦人家由于经济条件的限制，常常用棉质丝线拧成廉价、简易的线绳戴在头上。原文中“她”所戴的正是这种“白头绳”。译文 1 中的“a white band”既没有体现中国的丧葬文化，也没有体现出“她”较低的社会地位。英语中的裙是“skirt”，因此，从字面意义上来理解，将“乌裙”翻译为“black skirt”并无不妥。然而，在中国封建社会，服饰具有非常明显的社会等级特征。原文中的“她”是去别人家当佣人的，社会地位较低，“black skirt”与“她”的身份是不相符的。她所穿的“裙”其实是套在自己的衣服外面防止衣服被弄脏的一种工作服饰，相当于英语中的“apron”。

可见，译文 1 没有准确地理解原文背后的文化含义，没有将原文中的文化信息量完整地体现出来。而译文 2 经过适当调整，如将“Old Mrs.Wei”改为“AuntieWei”，将“a white band”改为“a white mourning cord”，将“skirt”改为“apron”，既体现了原文的情节，又传达了原文的文化含义。

在跨文化交际翻译过程中，文化信息欠额与文化信息量往往呈反比例关系。具体来说，译文体现的文化信息量越大，文化信息欠额就越小。因此，为了将文化信息欠额最小化，我们不能将字面信息等值作为翻译的唯一目标，而应在传达原文字面意义的同时，将其背后的文化内涵也体现出来。

总之，在跨文化交际中汉英两种语言通过互译进行信息交流和转换时，会面对种种“错位”现象，为此翻译工作者需要考虑两种语言之间或者说是使用这两种语言的个体或群体之间存在的时空错位、身份错位和文化错位三个层面的差异。对汉英两种语言间的时空信息进行筛选与处理，要根据具体语境并结合文化背景，准确理解原文的含义，然后选择合适的翻译技巧灵活翻译，译文要在传达原文字面意义的同时，将原文背后隐含的文化意义体现出来，将文化信息欠额最小化，使译文真正达到“信”“达”“雅”的翻译要求。

参考文献

[1] 向明友 . 论言语配置的新经济原则 [J]. 外语教学与研究，2002(5)：309-316.

[2] 唐庆华 . 试论语言学研究的跨学科趋势 [J]. 学术论坛，2009(7)：150-154.

[3] 杨自俭 . 语言多学科研究与应用 [M]. 南宁：广西教育出版社，2002.

[4] 况新华，谢华 . 国内语用学研究概述 [J]. 外语与外语教学，2002(6)：6-8.

[5] 张新红，何自然 . 语用翻译：语用学在翻译理论中的应用 [J]. 现代外语，2001(3)：286，292.

[6] 何兆雄 . 语用学文献选读 [M]. 上海：上海外语教育出版社，2003：370-372，374.

[7] 骆裴娅 . 经济语言学视域下的广告语言 [J]. 重庆工学院学报，2009(4)：142-145.

[8] 王爱琴 . 基于本土实用文本的翻译教学 [J]. 中国科技翻译，2009(4)：29.

[9] 梁雪松 . 外贸产品样本的典型误译与评析 [J]. 中国科技翻译，2009(1)：30-31.

[10] 李健 . 认知图式理论在翻译教学中的应用 [J]. 长春工程学院学报(社会科学版)，2014，15(2)：146-148.

[11] 赵海燕 . 认知图式理论在商务翻译教学中的应用 [J]. 长春金融高等专科学校学报，2013(1)：55-57.

[12] 武光军 . 翻译课程设计的理论体系与范式 [J]. 中国翻译，2006(9)：14-16.

[13] 教育部高等教育司 . 大学英语课程教学要求 [M]. 北京：高等教育出版社，2007：1-4.

[14]Krashen S.D. Second Language Acquisition and Second Language Learning[M]. Oxford：Pergamon，1981.

[15] 仲伟合 . 译员的知识结构与口译课程设置 [J]. 中国翻译，2003(4)：27.

[16] 苗菊，朱琳 . 认知视角下的翻译思维与翻译教学研究 [J]. 外语教学，2010(1)：98-100.

[17] 吕立松，穆雷 . 计算机辅助翻译技术与翻译教学 [J]. 外语界，2007(3)：35-43.